Scannen

QuickTipps

Scannen

Nina Martini

DATA BECKER

Copyright © 2002 by DATA BECKER GmbH & Co. KG
Merowingerstr. 30
40223 Düsseldorf

1. Auflage 2002

E-Mail buch@databecker.de

Reihenkonzeption Henrik Hoppe

Produktmanagement und Lektorat Hans-Peter Kusserow

Umschlaggestaltung Inhouse Agentur DATA BECKER

Textmanagement Jutta Brunemann
(jbrunemann@databecker.de)
Korrektorat: Andreas Weiss

Satz und Layout EIN**SATZ**
(uwe@einsatz-marl.de)

Produktionsleitung Claudia Lötschert
(cloetschert@databecker.de)

Druck Clausen & Bosse, Leck

ISBN 3-8158-1805-2

Wichtiger Hinweis

Inhaltsverzeichnis

1. Installation und Problemlösung

Glücklicherweise funktioniert die Scanner-Installation mit neueren Betriebssystemen und USB weitestgehend problemlos. In diesem Kapitel finden Sie Problemlöser und Surftipps, wenn es trotzdem mal hakt.

Top 10 – Installation: Tipps & Tricks

Checken Sie die Mindestanforderungen

Falls es von Anfang an beim Scannen von Text zu Problemen kommt, schauen Sie im Handbuch Ihres Programms nach den Mindestanforderungen an Ihr System.

Die aktuellen Programme sind so leistungsfähig, dass sie mitunter große Systemressourcen ausschöpfen.

Erste Hilfe – neu booten

Manchmal kommt man auf diesen einfachen Tipp erst sehr spät. Falls „undifferenzierte" Probleme mit Ihrem Scanprogramm oder dem Scanner selbst auftauchen, hilft oft ein Neustart.

Auch die Reihenfolge, in der Sie die einzelnen Geräte anschalten, ist wichtig. Schalten Sie Computer und Scanner aus. Schalten Sie dann zuerst den Scanner und anschließend den Computer wieder ein.

Auch eine Neuinstallation hilft manchmal

Leider kommt es immer wieder vor, dass Probleme beim Installieren auftauchen, die so nicht gleich gemeldet werden. Bevor Sie einen Techniker bestellen, deinstallieren Sie die Scannersoftware und installieren sie neu.

Quick Tipps RAM-Cleaner selbst gemacht

Auch bei sehr schnellen Rechnern mit hohen Speicherkapazitäten kommt es vor, dass der Arbeitsspeicher durch das Öffnen mehrerer Programme „vollgesogen" ist. In manchen Fällen hilft es, einige Programme zu schließen, um Arbeitsspeicher freizusetzen, in anderen Fällen müssen Sie den Computer neu starten. Sie finden im Internet – z. B. auf der Seite *http://www.robertdorn.de* – und auf vielen Zeitschriften-CDs dazu kleine Hilfsprogramme, mit denen Sie den Arbeitsspeicher erfrischen können, ohne den Rechner zu booten. Das Problem der Speicherverwaltung ist in Windows XP und Windows 2000 schon sehr viel besser gelöst als in den Vorgänger-Versionen. Dennoch werden Sie feststellen, dass der Arbeitsspeicher nach Verlassen eines Programms nicht mehr die Größe hat, die er nach dem Start von Windows hatte. Hierfür gibt es eine einfache Lösung, indem Sie sich selbst eine speichererfrischende Datei schaffen.

1. Minimieren Sie alle Programme mit der Tastenkombination [Win]+[M], sodass der Desktop sichtbar wird. Führen Sie einen rechten Mausklick auf den Desktop aus. Sie erhalten ein Kontextmenü. Wählen Sie den Eintrag *Neu/Textdatei.* Geben Sie der Datei einen logischen Namen wie etwa *Ramcleaner.txt*.

2. Öffnen Sie diese Datei mit einem Doppelklick und geben Sie eine einzige Zeile ein: *FreeMem = Space(32000000)*.

3. Wählen Sie den Befehl *Datei/Speichern unter* und aus dem Listenfeld *Dateityp* den Eintrag *Alle Dateien.* Klicken Sie jetzt hinter den Namen der Textdatei und ändern Sie die Endung in *.vbs* um. Unsere Datei heißt jetzt *Ramcleaner.vbs*.

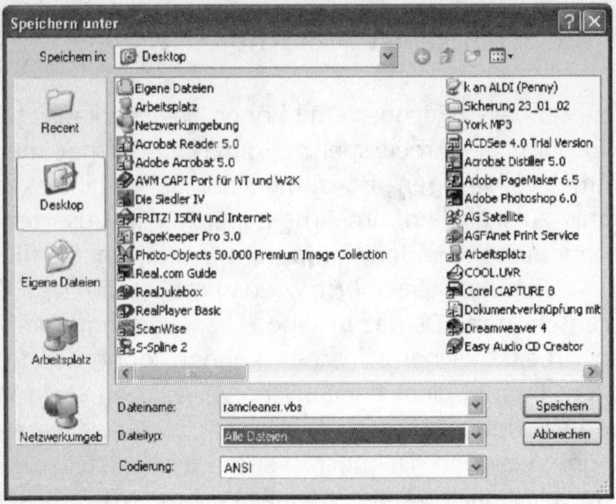

4. Um den Arbeitsspeicher Ihres Computers freizuräumen, doppelklicken Sie einfach auf diese Datei. Der RAM wird in diesem Beispiel allerdings um genau 32 MByte gereinigt – dies besagt die Zahl *32000000* in der Textdatei. Diese Zahl sollte niemals einen Wert aufweisen, der mehr als die Hälfte Ihres gesamten RAMs ausmacht. Wenn Sie mit höheren Werten arbeiten, z. B. der Gesamtzahl des Speichers, könnten Sie eine Fehlermeldung erhalten oder Ihr System könnte zusammenbrechen. Hier ist grundsätzlich Vorsicht geboten.

Quick Tipps – Ein Surftipp für XP-User

Da es beim Umstieg auf Windows XP durchaus zu Fragen kommen kann, finden wir folgende Internetseiten besonders empfehlenswert. Unter *www.windowspage.de* und *www.windowstweaks.de* erhalten Sie Antworten auf diese Fragen. Hier können Sie auch einen Newsletter abonnieren, sodass Sie nicht nach aktuellen Änderungen auf der Website schauen müssen.

Verkabelung

Mit Ihrem Scanner werden Ihnen die zugehörigen Kabel geliefert. Diese Kabel sollten möglichst verwendet werden, da sie speziell auf Ihren Scanner zugeschnitten sind. Mitunter benötigt man längere Kabel, in diesem Fall ist es möglich, dass es zu einer fehlerhaften Datenübertragung kommt oder der Scanner nicht angesprochen wird. Sollten solche Probleme nach einem Kabelwechsel auftauchen, lassen Sie sich von Ihrem Fachhändler beraten.

Quick Tipps Vorgänger-Versionen deinstallieren

Achtung: Falls Sie beabsichtigen, ein Update einer Scansoftware zu installieren, lesen Sie unbedingt die Anweisungen im Handbuch. Manche Programme – dazu gehört auch OmniPage Pro – verlangen zunächst, dass die Vorgänger-Version deinstalliert und der Rechner neu gestartet wird.

Quick Tipps Druckertreiber tauschen

Grundsätzlich sollte man Originaltreiber verwenden, doch falls Sie mit den Einstellungsmöglichkeiten Ihres Druckertreibers nicht zufrieden sind, verbinden Sie einfach einen alternativen Druckertreiber mit der LPT-Schnittstelle, an die Ihr Drucker angeschlossen ist. Man erreicht z. B. mit dem HP4MV-Treiber eindeutig bessere Ergebnisse mit dem Drucker als mit dem Originaltreiber eines anderen Herstellers.

Quick Tipps TWAIN-Modul blockiert Photoshop

Das TWAIN-Modul ist das Scanner-Programm. Wenn dieses ausgeführt wird, ist Photoshop blockiert, das heißt, Sie können nicht gleichzeitig an anderen Bildern weiterarbeiten. Schließen Sie zunächst das Scanprogramm. Dies ist übrigens eine Fehlerquelle, die einen mitunter ein paar Minuten über das Problem grübeln lassen kann. Wenn Sie kontrollieren möchten, ob das Scanprogramm aufgerufen ist, wechseln Sie mit der Tastenkombination Alt+Tab durch die einzelnen Anwendungen.

Quick Tipps Wenn der Drucker nicht mehr druckt

Je nach Anschlussart kommt es vor, dass der Drucker nicht druckt, wenn der Scanner nicht ebenfalls eingeschaltet ist. Schalten Sie also als ersten Schritt bei der Fehlersuche beide Geräte an und booten Sie den Rechner eventuell neu.

Quick Tipps Installations-Reihenfolge beachten

In Zeiten von USB und Windows XP klingt es unglaublich, aber es ist wahr. Bevor Sie mit der Installation des Scanners beginnen, schauen Sie unbedingt in Ihr Handbuch, um die richtige Reihenfolge der Installation herauszufinden. Sie sollten immer zuerst die Software auf Ihrem Rechner installieren und danach erst den Scanner anschließen, da es durchaus sein kann, dass sonst der Scanner vom Computer nicht erkannt wird.

Transportsperre nicht vergessen

Es klingt so selbstverständlich, dass es gerade deswegen gern vergessen wird: Viele Scanner verfügen über eine Transportsperre, die verhindert, dass die Abtasteinheit beim Transport beschädigt wird. Werfen Sie auch hierzu einen kurzen Blick in das Scanner-Handbuch und entfernen Sie die Transportsperre unbedingt. Anderenfalls könnte es zu Beschädigungen am Scanner kommen.

Treibersuche in Onlineforen

Obwohl es selbstverständlich klingt, dass man für seinen Scanner immer den richtigen und neusten Treiber auf der Homepage des Scanner-Herstellers findet, scheint es nicht immer der Fall zu sein. Sehr hilfreich ist es in diesem Fall, eine Anfrage in einem speziellen Forum zu starten. Andere Internetanwender wissen oft Rat, wenn es um die Treibersuche geht. Auf der Website *www.digit.de* tauschen Anwender Tipps und Adressen für den Download neuster Treiber aus.

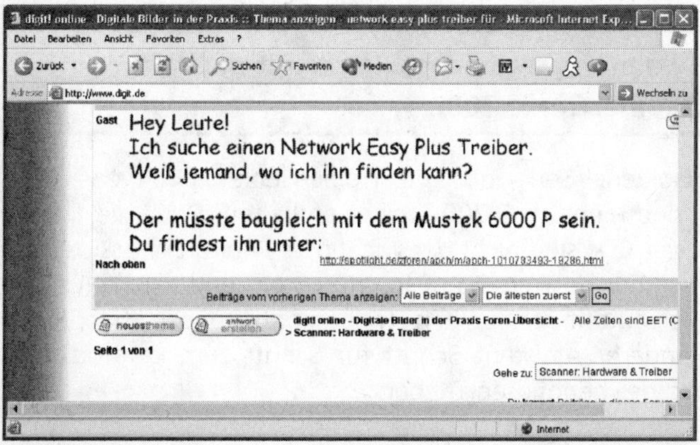

Noch ein paar Surftipps

Weitere Unterstützung bei der Treibersuche erhalten Sie unter *www.Driverguide.com*. Unter *www.treiber.de* finden Sie eine übersichtliche Seite mit nettem Layout und komfortabler Benutzerführung. Übrigens finden Sie hier auch viele Tipps und Problemlösungen.

Quick Tipps Die Tastenkombination Alt+Tab als Problemlöser

Kennen Sie das? Nichts geht mehr, der Scanner bewegt sich nicht und weder das Drücken der Esc-Taste noch ein Klick auf die Schaltfläche *Abbrechen* bewirken irgendetwas. Verwenden Sie in einem solchen Fall die Tastenkombination Alt+Tab, um durch die einzelnen Windows-Anwendungen zu springen. Manchmal entdeckt man bei dieser Aktion eine Windows-Fehlermeldung, die alles Weitere blockiert. Bestätigen Sie die Fehlermeldung, oft geht es dann weiter mit der Bearbeitung.

Quick Tipps Nie mehr Treiberprobleme mit dem TreiberGenie 2002

In der Goldene Serie-Software TreiberGenie 2002 von DATA BECKER sind mehr als 5.700 Treiber enthalten. Doch die Treiber auf den vier CDs sind nicht der wichtigste Punkt. Ein Assistent überprüft sämtliche Treiber auf Ihrem System und ermittelt eventuelle Treiberkonflikte. Sollten Treiberkonflikte bestehen, führt Sie ein anderer Assistent Schritt für Schritt zum komfortablen Download des benötigten Treibers.

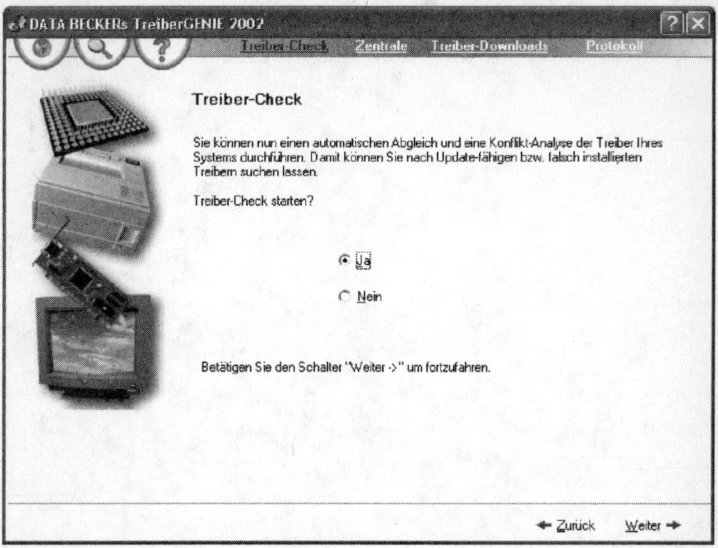

Mailen Sie uns

Unzählige Treiber, Scanner-Typen und Bildbearbeitungsprogramme bewirken unzählige Probleme. Wenn Sie ein spezielles Problem mit Scanner oder Software haben, schreiben Sie uns unter der E-Mail-Adresse *Martini@AngelaWulf.de*. Wir unterstützen Sie bei der Lösung.

2. Farbecht: Kalibrierung für Farbtreue

In der digitalen Bildbearbeitung werden Vorlagen mit dem Scanner oder der Digitalkamera eingelesen, am Bildschirm bearbeitet und präsentiert und dann auf verschiedenen Druckern ausgegeben. Alle diese Geräte weisen jedoch gewisse Ungenauigkeiten auf, jedes Gerät besitzt einen eigenen Farbstich und die einzelnen Komponenten arbeiten mit unterschiedlichen Farbsystemen. Um die Fehlerquellen in der Farbwiedergabe möglichst gering zu halten, setzt man die Kalibrierung ein. Mit einer Kalibrierung eichen Sie quasi die Einzelteile Ihres Systems, sodass die Farbe möglichst getreu wiedergegeben wird.

Top 10 – Kalibrierung: Tipps & Tricks

Leider funktioniert diese Kalibrierung nicht so einfach, wie jeder Anwender es sich wünscht. Als ich vor kurzem einen bekannten Grafiker fragte, womit er sein System kalibriert hat, war die geseufzte Antwort: „Gar nicht". Nicht nur Laien, sondern auch Profis arbeiten häufig nach dem Prinzip: Geräte kaufen, nicht kalibrieren, Testausdrucke machen, merken, wo die Farbabweichungen sind, und denen im Bildbearbeitungsprogramm entgegenwirken. Sprich: Wenn ich weiß, dass mein Ausdruck grundsätzlich gelber erscheint als das Bild am Monitor, dann muss ich z. B. in Photoshop nur den Gelbkanal etwas reduzieren, um den idealen Ausdruck zu bekommen.

Wenn Sie sich mit dieser Methode nicht zufrieden geben möchten, finden Sie in diesem Kapitel Tipps für die Kalibrierung.

Quick Tipps Farbtafeln für Einsteiger und Profis

Wer wissen möchte, wie ein ganz bestimmter Farbton auf einem bestimmten Papier gedruckt aussieht, muss auf Farbtafeln zurückgreifen. Diese Farbtafeln, auf denen die CMYK-Mischfarben z. B. in 10 %-Schritten dargestellt sind, sind aufwendig in der Herstellung und daher relativ kostspielig. Unter *www.farbfibel.de* können Sie eine preiswerte Alternative im handlichen Format bestellen. Die CMY(K)-Farbtafeln sind auf drei verschiedenen Papiersorten gedruckt. Zusätzlich – und das macht die Farbfibel besonders attraktiv – sind Vorlagen für die Kalibrierung Ihres Systems in gedruckter Form und auf CD enthalten. Auch eine Anleitung zur Kalibrierung fehlt nicht.

Farbwerte in der Info-Palette ablesen

Rufen Sie mit *Fenster/Informationen einblenden* die *Info*-Palette auf. Stellen Sie eventuell die Paletten-Optionen ein, indem Sie das Paletten-Menü öffnen und den Eintrag *Paletten-Optionen* auswählen. Ich arbeite am liebsten mit den Einstellungen *Modus: Aktuelles Farbsystem, Modus: CMYK* und *Maßeinheit: Zentimeter.* Bewegen Sie anschließend die Maus über die Stelle im Bild, die Sie messen möchten. Es ist dabei egal, welches Werkzeug gerade aktiv ist. Betrachten Sie die *Info*-Palette, dort können Sie die Farbwerte ablesen.

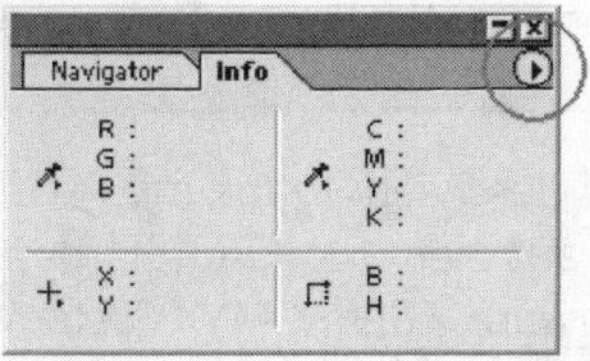

Klicken Sie auf den markierten Pfeil, um das Paletten-Menü zu öffnen. Wählen Sie dann den Eintrag *Paletten-Optionen*.

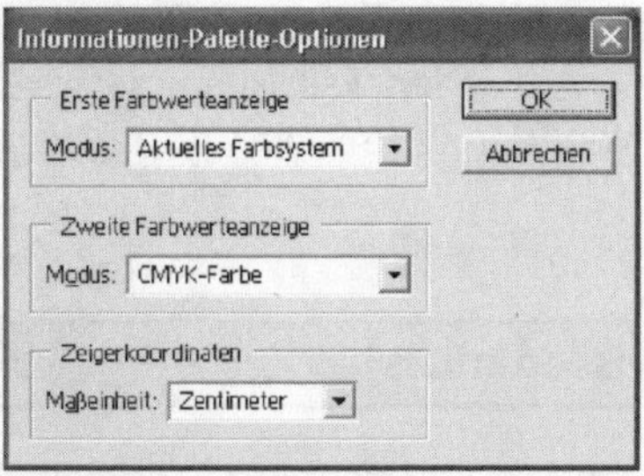

Mit diesen Einstellungen in den Paletten-Optionen haben Sie für den Druckbereich immer eine ideale Übersicht. Wenn Sie sehr viel mit Bildern für das Internet arbeiten, ist es sinnvoll, die Maßeinheit auf Pixel umzustellen.

Quick Tipps Gut zu wissen: die Farben der Haut

Hauttöne im Druck wirklich natürlich aussehen zu lassen gehört zur hohen Kunst der Farbkorrektur. Hauttöne sind sehr unterschiedlich, es gibt aber Werte, an denen Sie sich orientieren können. Die Faustregel besagt: Gelb hat grundsätzlich den höchsten Anteil und Magenta sollte ca. 20 % darunter liegen. Die Cyan-Werte sollte grundsätzlich nicht über 20 % liegen, da sonst ein Grünstich auftaucht. Schwarz sollte nur in dunkleren Schattenpartien vorkommen.

Was ist die Euro-Skala?

Im professionellen Offsetdruck wie bei der Wiedergabe mit Farbtintenstrahlern werden farbige Bilder aus den vier Grundfarben **C**yan, **M**agenta, **G**elb (Yellow) und Schwarz – dem CMYK-System – aufgebaut. Darüber, warum der Schwarz-Auszug mit K abgekürzt wird, streiten sich übrigens auch selbst die Profis. Die Meinungen reichen von „K steht für Kontrast, weil das Schwarz für den Kontrast zuständig ist“ über „Es ist das K aus dem englischen Black“ bis zu „K steht für Key“. Auf jeden Fall ist immer das CMYK-System gemeint, wenn von der Euro-Skala gesprochen wird.

Was man über Farbtiefe wissen muss!

Es ist wichtig, den Ausdruck „Farbtiefe“ zu kennen, weil einige Programme ihn verwenden. Die Farbtiefe wird in Bit gemessen. Ein Bit ist die kleinste adressierbare Einheit in der Computerwelt. Ein Bit kann zwei verschiedene Zustände einnehmen, z. B. Schwarz oder Weiß. Anschaulicher ist die Übertragung auf die

Welt außerhalb des Computers, indem man sich vorstellt, dieses Bit ist eine Glühbirne und diese kann den „Modus" an oder aus einnehmen. Verwenden Sie diese zwei Zustände als Basis und die Farbtiefe in Bit – also beispielsweise 24 Bit – als Hochzahl, um die Gesamtanzahl der möglichen Farben zu ermitteln. Bei 24 Bit im RGB-Modus bedeutet das 2^{24} Farben = 16,7 Millionen Farben. So lässt sich ermitteln, dass im 8-Bit-Graustufenmodus 2^{8}, also 256 verschiedene „Farben" darstellbar sind.

Was bedeutet Farbmanagement?

Farbmanagement stellt sicher, dass es beim Austausch von Bildern zwischen verschiedenen Geräten keine „Reibungsverluste" gibt bzw. dass diese so gering wie möglich gehalten werden.

Das Verstellen des Monitorreglers verändert die Bilddaten nicht

Die RGB- bzw. CMYK-Werte Ihres Bildes werden nicht verändert, wenn Sie Farbprofile zuweisen oder den Helligkeitsregler Ihres Monitors verstellen, Sie können also beherzt verschiedene Einstellungen testen, ohne sich Sorgen um die Bilddaten zu machen. Eine Einschränkung: Die alten Daten bzw. Einstellungen sollten Sie speichern oder notieren, damit Sie zur alten Fassung zurückkehren können, falls die Veränderung keine Verbesserung ergibt.

Quick Tipps Farben beeinflussen sich gegenseitig

Wenn Sie Farben auswählen, die direkt nebeneinander liegen, bedenken Sie, dass die Farbwahrnehmung relativ zu ihrer Umgebung ist. Farben beeinflussen sich gegenseitig. An einem einfachen Beispiel wird deutlich, wie stark dies der Fall ist.

Betrachten Sie die beiden kleinen Kästchen – sie wurden beide mit einer Deckung von 50 % Grau erstellt. Die umliegenden Töne – links 75 % Grau und rechts 25 % Grau – beeinflussen die inneren Kästchen so stark, dass sie unterschiedlich getönt wirken.

Farbmanagement ist nicht das Gleiche wie Farbkorrektur

Beim Farbmanagement stimmen Sie Scanner, Digitalkamera, Monitor und Drucker aufeinander ab. Hierbei werden keine Bilddaten verändert, sondern lediglich deren Aussehen auf dem Monitor und beim Ausdruck. Farbkorrekturen nehmen Sie mit den Funktionen im Menü *Bild/Einstellen* von Photoshop vor. Hierbei werden tatsächlich die Farbwerte dauerhaft verändert.

Was bedeutet „Tonwertzuwachs im Druck"?

Beim Vorgang des Druckens kommt es zu einem technisch bedingten Tonwertzuwachs. Das bedeutet, die Farben erscheinen im Druck dunkler als auf dem Monitor. Der Tonwertzuwachs variiert bei verschiedenen Papierarten. Sie können Ihrem Bildbearbeitungsprogramm mitteilen, wie stark der zu erwartende Tonwertzuwachs ausfällt.

Daraufhin simuliert das Programm den Tonwertzuwachs, indem es das Bild schon am Monitor dunkler erscheinen lässt. In Photoshop 6.0 stellen Sie den Tonwertzuwachs folgendermaßen ein:

1. Wählen Sie *Bearbeiten/Farbeinstellungen*. In der darauf folgenden Dialogbox finden Sie alle Optionen zum Farbmanagement in Photoshop.

2. Öffnen Sie das Listenfeld *CMYK* und scrollen Sie ganz nach oben bis zu dem Eintrag *Eigenes CMYK*. Wenn Sie diesen Eintrag angeklickt haben, erscheint eine weitere Dialogbox. Hier können Sie den Tonwertzuwachs direkt eingeben.

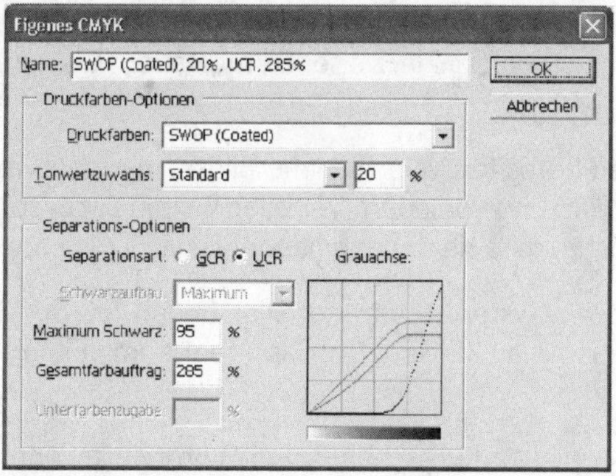

Was ist ein ICC-Profil?

Wie bereits erwähnt, besitzt jedes Gerät, ob Scanner, Drucker oder Monitor, einen gewissen, ganz „persönlichen" Farbstich. Sehr schön kann man dies beurteilen, wenn man im Fernsehfachgeschäft viele eingeschaltete Fernseher nebeneinander betrachtet. Der Farbstich, der beim eigenen Fernseher kaum auffällt, wird im Vergleich mit anderen Geräten sehr deutlich. ICC-Profile wurden vom **I**nternational **C**olor **C**onsortium entwickelt, um dieses Problem abzuschwächen. Dieses Konsortium besteht aus Vertretern führender DTP-Hard- und Softwarehersteller.

ICC-Profile enthalten die Informationen über den individuellen Farbstich des Geräts und machen es so möglich, Geräte aufeinander abzustimmen. ICC-Profile arbeiten mit dem L*a*b-Farbraum. Dieses Farbsystem umfasst sowohl CMYK als auch RGB.

Quick Tipps ICC-Profile selbst erstellen

Adobe Gamma ist ein Werkzeug zur Kalibrierung Ihres Monitors. Die Handhabung ist glücklicherweise komfortabel. Gehen Sie folgendermaßen vor:

1. Öffnen Sie in Photoshop verschiedene Bilder, die Ihnen auch in gedruckter Fassung vorliegen. Verteilen Sie die Bilder so auf der Arbeitsfläche, dass sie nebeneinander liegen.

2. Wählen Sie *Start/Systemsteuerung.* Hier finden Sie den Eintrag *Adobe Gamma.* Starten Sie das Programm mit einem Doppelklick.

3. Aktivieren Sie die Optionsschaltfläche *Schrittweise* und klicken Sie auf *Weiter.*

4. Geben Sie im nächsten Fenster einen eindeutigen Namen ein, sodass Sie ihn gut wiedererkennen. Bestätigen Sie wieder mit *Weiter.*

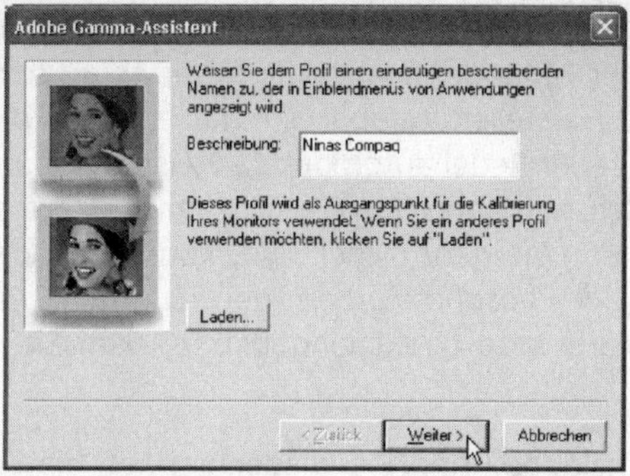

5. In der nächsten Dialogbox gibt es erstmalig mehr zu tun: Ihr Monitor hat Regler für Helligkeit und Kontrast. Stellen Sie zunächst den Kontrast auf die höchste Stufe. In der Dialogbox befindet sich ein Testfeld, das einen weißen Rahmen, darin ein schwarzes Kästchen und darin wiederum ein graues Kästchen enthält. Befolgen Sie die Anweisung des Assistenten, dass die Helligkeit so verstellt werden muss, dass das graue Kästchen möglichst dunkel, aber nicht schwarz sein soll, wobei der weiße Rahmen wirklich strahlend weiß bleiben muss. Klicken Sie auf *Weiter*.

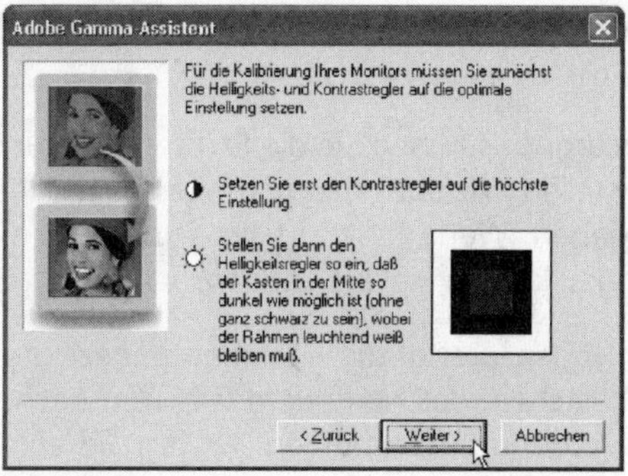

6. In der nächsten Dialogbox wäre es hilfreich zu wissen, welche Phosphor-Farben Ihr Monitor verwendet. Sie erfahren solche Details von Ihrem Hersteller. Adobe Gamma ermittelt diese Farben allerdings in der Regel automatisch, weist aber darauf hin, dass dies falsch sein kann. Kurzum: Informieren Sie sich im Zweifelsfall. Wenn Sie ganz sicher sind, können Sie dann aus dem Listenfeld *Phosphor-Farben* den Eintrag *Eigene* wählen und die Farbwerte direkt eingeben. Klicken Sie auf *Weiter*.

7. In der nächsten Dialogbox sind Sie wieder gefragt, ein Testbild zu beurteilen. Wenn Ihr Monitor keinen erkennbaren Farbstich aufweist, aktivieren Sie das Kontrollkästchen *Nur einzelnes Gamma anzeigen*. Verschieben Sie dann den Regler so, dass das Kästchen in der Mitte mit dem gemusterten Rahmen verschmilzt. Es ist leichter, dies zu beurteilen, wenn man einen größeren Abstand zum Monitor einnimmt oder die Augen auf „unscharf" stellt.

8. Sollte Ihr Monitor einen Farbstich zeigen, müssen Sie die einzelnen Monitor-Farben einstellen. Deaktivieren Sie dann das Kontrollkästchen *Nur einzelnes Gamma anzeigen* und gehen Sie genauso für alle drei Farben vor. Bestätigen Sie mit *Weiter*.

9. In der nächsten Dialogbox müssen Sie die Farbtemperatur des Monitor-Weiß einstellen. Adobe Gamma orientiert sich an den Hardwarevorgaben. Wenn Sie nicht sicher sind, ob diese Einstellung korrekt ist, klicken Sie auf *Messen*.

10. Daraufhin werden Ihnen drei graue Kästchen angezeigt. Klicken Sie auf das Kästchen, das neutralem Grau am nächsten kommt. Um den Vorgang zu bestätigen, klicken Sie auf das mittlere Kästchen. Bestätigen Sie wieder mit *Weiter*.

11. In der letzten Dialogbox dieses Assistenten können Sie noch einmal das Vorher und Nachher beurteilen. Aktivieren Sie dazu die entsprechenden Optionsschaltflächen und entscheiden Sie, welche Einstellungen besser sind. Sind Sie mit dem Ergebnis zufrieden, klicken Sie auf *Fertig stellen,* möchten Sie lieber die alte Fassung behalten, klicken Sie auf *Abbrechen.* Bei Bestätigung werden Sie noch um Speicherung gebeten. Verwenden Sie hier den gleichen Namen wie zuvor im Assistenten.

Monitor immer vorwärmen lassen

Während der Aufwärmphase ändert sich die Farbwiedergabe von Monitoren. Daher ist es wichtig, dass Sie den Monitor eine Zeit lang laufen lassen, bevor Sie mit der Kalibrierung beginnen.

Quick Tipps Achten Sie auf gleich bleibende Lichtverhältnisse

In der Praxis ist es sicher nicht leicht, konstante Lichtverhältnisse zu erreichen. Einfallendes Sonnenlicht verändert ständig die Beleuchtung eines Raums. Wenn Sie aber intensive Farbkorrekturen oder eine Kalibrierung vornehmen, ist es hilfreich, dies bei einer möglichst konstanten Beleuchtung zu tun. Der zweite wichtige Punkt ist, dass sich das menschliche Auge an Farbstiche gewöhnt. Es führt sozusagen ständig einen automatischen Weißabgleich durch. Aus diesem Grund sind Pausen bei der Bildbearbeitung wichtig, um zu verhindern, dass ein vorhandener Farbstich schlicht nicht mehr gesehen wird.

Jedes Gerät braucht ein ICC-Profil

Es ist wichtig, dass Sie für jedes Ihrer Geräte ein ICC-Profil installieren. Leider verfügen nicht alle Digitalkameras über ein ICC-Profil, installieren Sie in diesem Fall die Profile für Monitor und Drucker. Sie erhalten ICC-Profile bei Ihrem Hersteller oder auf Internetseiten wie z. B. *www.ProfileHelp.com*. Bei ProfileHelp müssen Sie sich nur als Benutzer registrieren und haben dann die Möglichkeit, das entsprechende ICC-Profil herunterzuladen.

Beim Kalibrieren immer mal Staubsaugen gehen ...

Es muss nicht unbedingt Staubsaugen sein, aber machen Sie bei Kalibrierungsarbeiten unbedingt Pausen. Wenn man eine ganze Weile vor dem Monitor gesessen hat, sieht man irgendwann keine Farbstiche mehr. Dieser Umstand liegt im Zusammenspiel von Auge und Gehirn. Es hilft auch sehr gut, eine weiße Rauhfaser-Tapete zu betrachten oder ein weißes Blatt Papier zu fixieren.

Profile Bildern zuweisen

Das Zuweisen gespeicherter ICC-Profile in Adobe Photoshop ist schnell gemacht. Öffnen Sie ein Bild und wählen Sie *Bild/Modus/Profil zuweisen*. Daraufhin können Sie aus der Liste ein Profil auswählen. Dieses wird Ihrem Bild „angehängt".

Quick Tipps Vorlagen zur Kalibrierung erstellen

Für die Kalibrierung ist es hilfreich, wenn Sie genormte Farbtafeln einsetzen. Im Fachhandel erhalten Sie solche Farbtafeln. Hierauf sind die verschiedenen Farben in ihren Abstufungen von Weiß bis zur Volltonfarbe dargestellt. Wenn Sie keine Farbtafel zur Hand haben, können Sie diese auch mit einem Programm wie z. B. CorelDRAW, Photoshop oder PageMaker selbst erstellen.

Legen Sie einfach für die RGB-Grundfarben Rot, Grün, Blau und die CMYK-Grundfarben Cyan, Magenta, Gelb und Schwarz Farbkästchen in einer Reihe von z. B. 10 % bis 100 % Farbdeckung an.

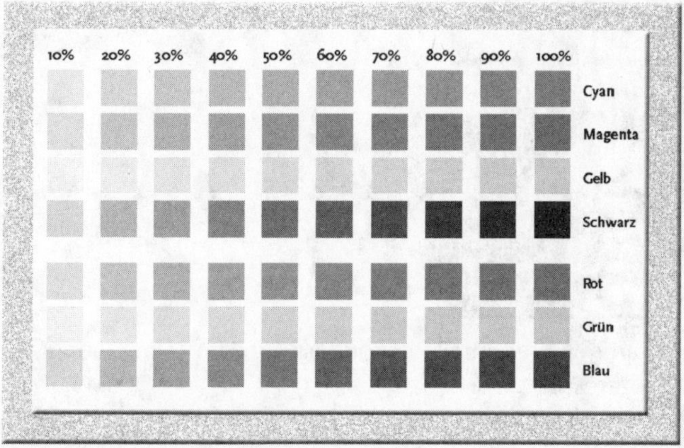

Ohne Einstellungsmöglichkeiten in Treibern keine Kalibrierung

Wenn Sie mit dem Erwerb eines Scanners oder Druckers liebäugeln, achten Sie auch auf die mitgelieferten Treiber. Einige Standarddruckertreiber und Scanprogramme verfügen gar nicht über die Möglichkeit einer Kalibrierung. In diesem Fall müssen Sie „nehmen, was das Gerät hergibt", und den Farbstichen im Bildbearbeitungsprogramm entgegenwirken.

Treiber finden garantiert mit dem DATA BECKER TreiberGenie

Besonders bei älteren Geräten ist es besonders schwierig, die richtigen Treiber im Internet aufzutreiben. Das CD-Paket Treiber-Genie aus der Goldenen Serie von DATA BECKER hilft Ihnen dabei, wirklich so gut wie jeden Treiber zu finden oder ältere Treiber „upzudaten".

Das Programm ist ebenfalls besonders für Umsteiger auf Windows XP interessant.

Gegen „Fehlfarben" im Druck: Drucker richtig einstellen

Leider finden Sie die Einstellungsmöglichkeiten in jedem Druckertreiber an anderer Stelle und die Optionen sind auch sehr unterschiedlich. Sie müssen im Zweifelsfall leider in Ihrem eigenen Druckertreiber nach den Optionen suchen. Hier wird aber das Szenario der Profilzuweisung am Beispiel des Epson Stylus Photo 1200 dargestellt.

1. Öffnen Sie die Systemsteuerung, indem Sie *Start/Systemsteuerung* wählen. Klicken Sie dann den Eintrag *Drucker und Fax* doppelt an.

2. In der darauf folgenden Liste befinden sich alle Treiber, die Sie auf Ihrem System installiert haben. Klicken Sie den gewünschten Treiber mit der rechten Maustaste an und wählen Sie aus dem Kontextmenü den Eintrag *Eigenschaften.*

3. Die meisten Druckertreiber beinhalten an dieser Stelle ein Register namens *Farbverwaltung*. Klicken Sie dieses an.

4. Zurzeit ist wahrscheinlich der Punkt *Automatisch* ausgewählt, der auch vom Hersteller empfohlen wird. Falls Ihr Drucker jedoch einen Farbstich aufweist, ist es durchaus sinnvoll, das Profil zu wechseln. Aktivieren Sie die Schaltfläche *Manuell.*

5. Wenn Sie jetzt unten auf die Schaltfläche *Hinzufügen* klicken, erhalten Sie eine Liste, in der Ihre ICC-Profile gespeichert sind. Weisen Sie dem Drucker aus dieser Liste ein Profil zu.

6. Testen Sie anhand eines Ausdrucks, ob die Einstellungen besser sind. Auch hier gilt: Notieren Sie die Einstellungen der alten Fassung, damit Sie diese im Zweifelsfall wiederherstellen können. Es ist wirklich tragisch, wenn man vor lauter Kalibrierarbeit das gesamte System „verkalibriert" hat.

Quick Tipps Mehrere Profile für verschiedene Druckverfahren speichern

Es ist besonders sinnvoll, für jedes Druckverfahren, das Sie verwenden, eigene Farbprofile zu erstellen. So können Sie je nach beabsichtigter Druckart das passende Profil auf das Bild anwenden.

Warum bestehen zwischen einzelnen Geräten Farbunterschiede?

Kein Gerät kann das gesamte Spektrum der wahrnehmbaren Farben exakt wiedergeben. Scanner, Monitore und Drucker sind auf einen bestimmten Farbraum beschränkt und können nur einen bestimmten Farbbereich – auch Farbumfang genannt – wiedergeben.

Quick Tipps Farbstiche beim Scannen ausgleichen

Die allermeisten Scanprogramme – auch TWAIN-Module genannt – verfügen über eine Funktion zur Farbkorrektur. Diese funktioniert ähnlich der Farbbalance in Photoshop.

Hierbei gilt das Gleiche wie bei Helligkeit und Kontrast: Groben Farbfehlern sollte man unbedingt schon in der Scansoftware entgegenarbeiten.

ICC-Profile auf der Festplatte suchen

Wenn Sie mit einem anderen System als Windows XP arbeiten und nicht sicher sind, in welchem Verzeichnis die Farbprofile gespeichert werden müssen, suchen Sie einfach über die Windows-Suchfunktion nach „*.ICM". Windows findet daraufhin das Verzeichnis, in dem Profile abgelegt werden.

Profile auf der Festplatte speichern

Kopieren Sie Profile unter Windows XP in das Verzeichnis *C:\WINDOWS\system32\spool\drivers\color*. Anschließend sind diese z. B. in den Drucker-Eigenschaften aus der Profil-Liste auswählbar.

Auf Kalibrierbarkeit des Scanners achten

Wenn Sie darüber nachdenken, sich einen neuen Scanner zuzulegen, denken Sie auch darüber nach, ein Modell zu wählen, das eine Kalibrierungssoftware im Programmpaket liefert. Lassen Sie sich diesbezüglich von Ihrem Fachhändler beraten. Scanner der Firma Microtek z. B. liefern das Programm ICC Scanner Profiler.

Unter *www.microtek.de* werden Sie ständig über neue Kalibrierungsprogramme und Scannertreiber informiert.

Quick Tipps Alles aus den Bilddaten rausholen durch Scanner-Kalibrierung

Die Möglichkeiten der Scanner-Kalibrierung sind leider – wie beim Druckertreiber – softwareabhängig Sie müssen im Zweifelsfall das Handbuch Ihres Scanners wälzen, um die Kalibrierungsmöglichkeiten zu finden.

Es ist aber auch möglich, für Ihren Scanner ein Kalibrierungsprogramm zu erwerben. Von der Firma Heidelberg gibt es das Programm ScanOpen ICC. Solche Programme sind allerdings eine kostspielige Investition.

Im Folgenden soll das Szenario der Scanner-Profilierung am Beispiel von ICC Scanner Profiler aus dem Hause Microtek beschrieben werden. Auf der Website von Microtek finden Sie übrigens interessante Treiber und weiterführende Informationen zu Scannern und Zubehör.

1. Im Lieferumfang aller Kalibrierungsprogramme finden Sie eine genormte Vorlage, die Sie in den Scanner legen müssen.

2. Wenn Sie das Kalibrierungsprogramm starten, steuert es automatisch den Scanner an. Geben Sie alle geforderten Angaben ein. Dazu gehören z. B. das Scanner-Modell, der Vorlagentyp und die digitale Referenzdatei der Scanvorlage.

3. Starten Sie den Übersichtsscan, wählen Sie so genau wie möglich die Vorlage aus und starten Sie dann den Scanvorgang.

4. Die Software bietet Ihnen die Schaltfläche *Create Profile,* klicken Sie darauf und vergeben Sie dann einen Namen für das Profil.

5. Das Programm erstellt jetzt ein Scanner-Profil, indem es die gescannte Vorlage mit der digitalen Referenzdatei vergleicht. Im Bereich *Scannerprofil* wählen Sie das erstellte Profil aus. Daraufhin werden Farbstiche automatisch ausgeglichen.

Monitoreinstellung mit Paint Shop Pro

Die Monitorkalibrierung in Paint Shop Pro funktioniert ähnlich der von Adobe Gamma.

1. Wählen Sie *File/Preferences/Monitor Gamma*. Die Farbkästchen in den gerasterten Flächen sind klar zu erkennen.

2. Der Gamma-Wert des Monitors ist aber erst dann perfekt, wenn sich die inneren Kästchen nicht mehr von den umliegenden Flächen unterscheiden. Aktivieren Sie das Kontrollkästchen *Link channels.* Verschieben Sie jetzt die Regler *Red*, *Green* und *Blue*. In den meisten Fällen erhält man schon gute Ergebnisse, wenn die Kanäle gebündelt verschoben werden. Sollte dies bei Ihnen nicht der Fall sein, deaktivieren Sie das Kontrollkästchen wieder und passen die einzelnen Kanäle an.

3. Bestätigen Sie die Dialogbox, wenn Sie mit den Einstellungen zufrieden sind. Sie übermitteln Paint Shop Pro somit die Eigenart des Monitorkontrasts, sodass die Bilder entsprechend dem Monitor dargestellt werden.

Referenzdatei zum Vergleichen der Farben speichern

Egal ob Sie Bilder auf Ihrem eigenen Tintenstrahldrucker ausgeben oder beim Dienstleister produzieren lassen, speichern Sie eine Referenzdatei, die Ihnen auch in gedruckter Form vorliegt. Dies sollte ein Bild sein, das möglichst viele Farben sowohl als Vollton als auch gerastert enthält. Daneben sollten auch Grauwerte dargestellt sein. Anhand der Referenzdatei und ihrer gedruckten Version können Sie überprüfen, wie das Ergebnis der Bearbeitung im Druck aussieht. Öffnen Sie diese Referenzdatei, wann immer Sie Bilder bearbeiten, so erhalten Sie eine gute Einschätzung über das zu erwartende Ergebnis.

Die CMYK-Vorschau zeigt das spätere Ergebnis

Leider kommt es häufig zu bösen Überraschungen, wenn man ein Bild im RGB-Modus am Monitor betrachtet und dieses dann auf dem Tintenstrahldrucker oder auch im Offsetdruck publiziert. RGB und CMYK verwenden völlig unterschiedliche Farbräume. Besonders sehr reine, leuchtende Farben können im CMYK-Vierfarbdruck nicht so wiedergegeben werden, wie sie am Monitor dargestellt werden. Wenn Sie eine Vorschau der CMYK-Fassung am Monitor sehen möchten, ohne dass Sie das Bild in den CMYK-Modus umwandeln, wählen Sie *Ansicht/Farb-Proof.* Sofort sehen Sie das zu erwartende Ergebnis im Ausdruck – allerdings stimmt diese Ansicht auch noch nicht hundertprozentig überein.

Farbmodi nicht mehrmals wechseln

Falls Sie nicht sicher sind, in welchem Farbmodus Sie Ihre Bilder benötigen, bleiben Sie zunächst im RGB-Modus. Ein mehrmaliger Moduswechsel, etwa RGB -> CMYK -> RGB führt zu Detailverlusten aufgrund unterschiedlicher Farbräume.

3. Verschiedenste Vorlagen erstklassig scannen

Jede Vorlage hat ihre eigenen Tücken, manchmal müssen Bilder, die in Graustufen gedruckt werden, zunächst im Farbmodus gescannt werden, um den Kontrast zu beeinflussen. Strichzeichnungen haben auch ihre ganz individuellen Eigenheiten. Welche das sind, erfahren Sie in diesem Kapitel.

Top 10 – Vorlagen: Tipps & Tricks

Quick Tipps Vorlagen in Übergröße scannen

Wenn Sie Vorlagen einscannen möchten, die größer sind als die Auflagefläche des Scanners, müssen Sie diese Vorlage in mehreren Teilen scannen und diese dann in Ihrem Bildbearbeitungsprogramm zusammenfügen (vgl die Abbildung: Das Panoramabild muss in zwei Teilen gescannt werden). Hierbei sind verschiedene Punkte zu beachten. Ganz besonders wichtig ist hierbei, dass Sie die Vorlage so gerade wie möglich in den Scanner legen. Wenn Sie die Vorlage dann für den zweiten Scan verschieben, achten Sie darauf, dass Sie den Winkel möglichst gut halten.

Die nachträgliche Winkelkorrektur mehrerer Einzelteile gestaltet sich durchaus schwierig. Der nächste, vielleicht noch wichtigere Punkt ist, dass alle Einzelteile mit den gleichen Farb- und Helligkeitseinstellungen gescannt werden. Die meisten Scanner verfügen über automatische Korrekturen. Dadurch werden alle Einzelteile separat gemessen und unterschiedlich eingelesen. Auch hier ist die nachträgliche Anpassung kompliziert. Falls Sie die Automatik bei Ihrem Scanner deaktivieren können, tun Sie dies. Mein

Scanner stellt Helligkeit und Kontrast zwar automatisch ein, doch die Werte sind veränderbar. Wenn Sie also Einzelteile scannen, notieren Sie sich die Einstellungen des ersten Teils und erstellen dann alle anderen Scans ebenfalls mit diesen Werten.

1. Scannen Sie die Einzelteile Ihrer Vorlage mit denselben Einstellungen für Helligkeit, Kontrast, Farbe und Schärfe.

2. Schließen Sie Ihr Scanprogramm. Sämtliche Teile sollten jetzt in Ihrem Bildbearbeitungsprogramm geöffnet sein.

3. Da Sie die Einzelbilder jetzt aneinander kopieren möchten, müssen Sie die Arbeitsfläche – quasi das „Fotopapier" – eines der Bilder so weit erweitern, dass alle anderen in die Datei hineinpassen. Messen Sie daher die Gesamtgröße Ihrer Vorlage aus.

Breite und Auflösung beim Ineinanderkopieren beachten

In diesem Beispiel haben beide Bilder eine Auflösung von 200 dpi. Beachten Sie, dass sich beim Zusammenkopieren zweier Dateien die Auflösung auf die Bildbreite auswirkt. Wenn Sie beispielsweise eine 200-dpi-Datei in eine 100-dpi-Datei einkopieren, wird die Breite der 200-dpi-Datei später doppelt so groß erscheinen.

1. Wählen Sie eines der Bilder aus, das als „Startdatei" fungiert, in das Sie also alle anderen Bilder hineinkopieren.

2. In unserem Beispiel müssen zwei Bilder eines Panoramas zusammengefügt werden. Wir verwenden den linken Bildteil als „Container-Datei", die den anderen Bildteil aufnimmt.

3. Wählen Sie *Bild/Arbeitsfläche.* Sie sehen hier die Maße des Bildes. Zusätzlich sind hier neun Schalter vorhanden, mit denen Sie regeln, in welche Richtung die Arbeitsfläche erweitert wird. Da das Bild am rechten Rand erweitert werden soll, fixieren Sie einen der linken Stützpunkte. Falls Sie mehrere Bilder einfügen, achten Sie darauf, den richtigen Stützpunkt zu fixieren.

4. Geben Sie die Zielgröße der Datei ein. Dies ist das Maß Ihrer Originalvorlage. Bestätigen Sie die Dialogbox. Die Arbeitsfläche wird grundsätzlich in der Hintergrundfarbe erweitert. In unserem Beispiel war die Hintergrundfarbe auf 30 % Grau eingestellt. Da diese Bereiche ohnehin vom anderen Bild verdeckt werden, ist die Farbe nicht relevant.

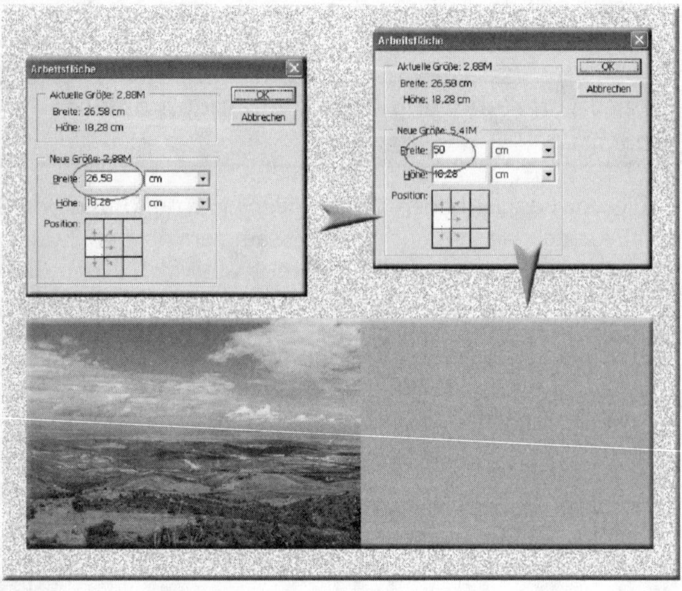

5. Wenn Sie einen der linken Stützpunkte der Dialogbox Arbeitsfläche anklicken, wird das Bild nach rechts erweitert. Der zweite Bildteil muss jetzt in die „Container-Datei" kopiert werden. In Photoshop gibt es eine komfortable Drag & Drop-Methode: Aktivieren Sie das Verschieben-Werkzeug. Es befindet sich an erster Stelle oben rechts in der Werkzeug-Palette. Klicken Sie das zweite Bild einmal an, um es zu aktivieren, und klicken und ziehen Sie es dann in die erste Datei. Bei diesem Vorgang wird es kopiert.

6. Positionieren Sie die Bilder mit dem Verschieben-Werkzeug so, dass die Anschlüsse so gut wie möglich aneinander passen. Eventuell ist es hilfreich, die Deckkraft des oberen Bildes kurzfristig zu verringern, um besser markante Punkte übereinander zu setzen.

7. Gleichen Sie mit *Bild/Einstellen/Tonwertkorrektur* oder anderen Korrekturfunktionen Helligkeits-, Farb- und Kontrastunterschiede aus.

8. Wenn alle Anschlüsse stimmen und die Tonwertunterschiede ausgeglichen sind, verschmelzen Sie die Ebenen mit *Ebene/ Auf Hintergrundebene reduzieren.*

9. Jetzt können Sie die Kante und kleine Details noch mit dem Stempel-Werkzeug retuschieren.

10. Schneiden Sie den gewünschten Bildausschnitt mit dem Freistellungswerkzeug aus, falls überlappende Kanten vorhanden sind, und nehmen Sie allgemeine Schärfe- und Farbkorrekturen vor, die sich auf das gesamte Bild beziehen.

Um die Helligkeitswerte an den Übergängen gut zu kaschieren, sind auch Abwedler und Nachbelichter manchmal sehr hilfreich.

Quick Tipps Bilder verzerren

Wann immer Sie eine Vorlage in den Scanner legen, die Bildverzerrungen aufweist, wie hier in diesem Beispiel, können Sie diese in Photoshop ausgleichen. Wählen Sie *Bearbeiten/Transformieren/Verzerren.* Sie erhalten einen Markierungsrahmen mit acht Markierungsknoten an den Ecken und auf den Geraden. Sie können das Bild jetzt mithilfe der Markierungsknoten in die richtige Perspektive bringen. Ein Doppelklick innerhalb des Rahmens löst den Vorgang aus.

Vorher/nachher – mit der Funktion *Verzerren* biegen Sie alles wieder gerade.

1. Öffnen Sie das gewünschte Bild. Da Hintergrundebenen nicht verzerrt werden können, müssen Sie sie in eine freie Ebene umwandeln. Wählen Sie *Ebene/Neu/Ebene aus Hintergrund.* Die Ebene ist jetzt frei verzerrbar.

2. An dieser Stelle sollte die Arbeitsfläche vergrößert werden, damit Sie freier mit den Verzerrungsknotenpunkten arbeiten können. Wählen Sie den Befehl *Bild/Arbeitsfläche* und vergrößern Sie diese um einige Zentimeter. Der exakte Wert ist nicht wichtig, da Sie die Datei später beschneiden.

3. Wählen Sie jetzt *Bearbeiten/Transformieren/Verzerren.* Die Datei wird mit acht Knotenpunkten versehen, mit deren Hilfe Sie das Bild gerade richten können. Ziehen Sie eventuell Hilfslinien aus den Linealen, um daran die Senkrechten und Waagerechten auszurichten. Den Verzerrungsvorgang lösen Sie aus, indem Sie die [Enter]-Taste drücken.

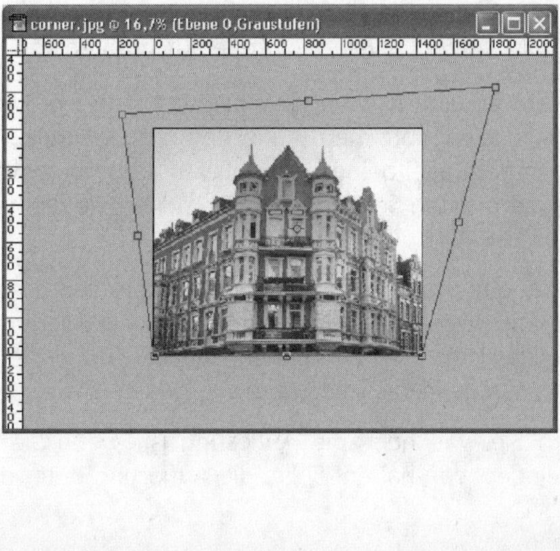

4. Ziehen Sie an den Knotenpunkten, um das Haus gerade zu richten. Aus den Linealen können Sie Hilfslinien zur Orientierung ziehen. Lineale werden mit dem Befehl *Ansicht/Lineale einblenden* aufgerufen.
5. Das Bild ist jetzt verzerrt und dadurch – in unserem Beispiel – oben breiter als unten. Aktivieren Sie das Freistellungswerkzeug und markieren Sie den Bereich, den Sie als Bildausschnitt behalten möchten. Bestätigen Sie auch das Freistellungswerkzeug mit der [Enter]-Taste.

Kleine Objekte stark vergrößern

Wenn Sie sehr kleine Objekte scannen, die Sie später stark vergrößern möchten, verwenden Sie die maximale, optische Auflösung Ihres Scanners. Diese liegt grundsätzlich unter der interpolierten Auflösung. Die interpolierte Auflösung ist eine „Mogelpackung", die mit dem Einfügen errechneter Pixel funktioniert. Sie erhöht nicht die erfassbaren Bildinformationen und macht keine Aussage über die Scanner-Qualität, da Sie die Interpolation auch in Photoshop mit dem Befehl *Bild/Bildgröße* durchführen können.

1. Legen Sie die Vorlage in Ihren Scanner und scannen Sie sie mit der maximalen optischen Auflösung des Scanners. Da Photoshop in der Regel besser interpolieren – also berechnen – kann als die meisten Scanprogramme, sollten Sie die Interpolation des Scanners nicht nutzen.
2. Schließen Sie das Scanprogramm und rufen Sie den Scan in Photoshop auf. Wählen Sie *Bild/Bildgröße.* Deaktivieren Sie das Kontrollkästchen *Neu berechnen* und geben Sie die gewünschte Zielgröße in das Feld *Breite* ein.
3. Beobachten Sie, wie hoch die Auflösung ist, wenn Sie die Zielbreite eingegeben haben. Sollte die Auflösung unter dem

Wert liegen, der für Ihr Ausgabemedium ideal ist, kommen Sie um eine Interpolation nicht herum. Die Mindestausgabeauflösung liegt etwa bei 150 dpi. Beim Tintenstrahlausdruck kann man eventuell 100 dpi verwenden. Testen Sie, ob der Ausdruck mit dieser Auflösung verwendbar ist. Wenn Sie für die Ausgabe am Monitor scannen, benötigen Sie lediglich 72 dpi.

4. Wenn Sie interpolieren müssen, aktivieren Sie das Kontrollkästchen *Neu berechnen* wieder und geben die gewünschte Auflösung ein. Wenn Sie jetzt mit *OK* bestätigen, wird das Bild in die gewünschte Größe skaliert. Skalierungen über 130 % sollten – wenn möglich – vermieden werden, doch manchmal kommt man partout um größere Skalierungen nicht herum.

Aktion gegen Detailverlust: Kontrast und Helligkeit beim Scannen einstellen

In einem digitalen Bild stehen Ihnen im 8-Bit-Modus pro Farbkanal 2^8, also 256 verschiedene Helligkeitsstufen zur Verfügung. Dies gilt übrigens genauso für Graustufenbilder. Bei einem 8-Bit-Graustufenbild können Sie 256 verschiedene Grautöne inklusive Weiß und Schwarz abbilden. Wenn Sie alle diese 256 Töne verwenden, nutzen Sie das gesamte Spektrum und somit den höchstmöglichen Kontrast. Ist dies nicht der Fall, werden Bilder z. B. durch falsche Scanner-Kalibrierung kontrastlos eingelesen, fehlen wichtige Farbinformationen – feine Nuancen, die später im Bildbearbeitungsprogramm nicht wiederherzustellen sind. Ein (extremes) Bildbeispiel soll die Unterschiede deutlich machen:

Beim linken Bild wurde der Scan ohne vorherige Kontrastkorrektur eingelesen. Das Bild ist deutlich zu dunkel und im Histogramm – der Bildstatistik – sieht man, dass in den hellen Bereichen Bildinformationen völlig fehlen. Die dunklen Stellen des Bildes sind „zugelaufen“, es ist keine Detailinformation mehr vorhanden und sie kann auch durch eine nachträgliche Korrektur nicht wiederhergestellt werden. Ganz anders im rechten Bild: Hier wurde der Kontrast schon beim Einlesen ausgenutzt. Das Histogramm erstreckt sich über das gesamte Farbspektrum. Das Bild war zwar auch etwas zu dunkel, aber durch die Korrektur können die Details in den dunklen Bildbereichen herausgearbeitet werden.

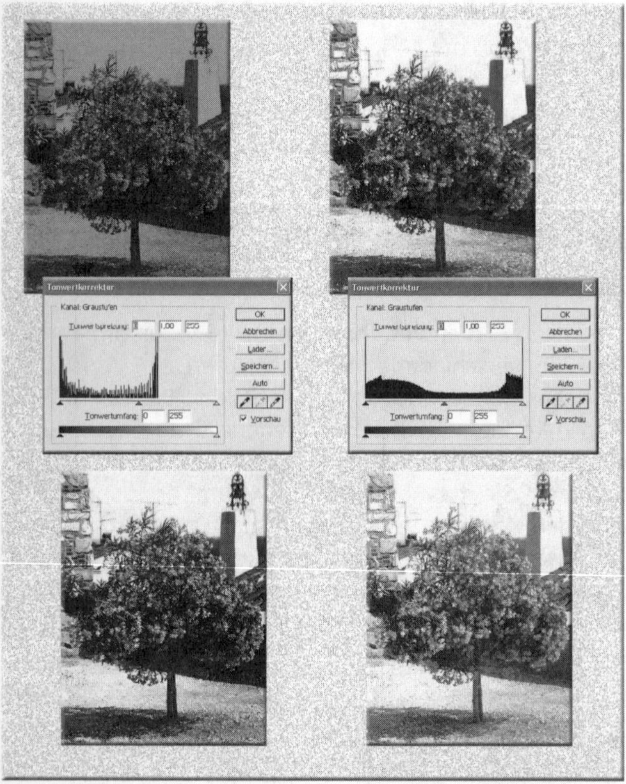

Von oben nach unten sehen Sie jeweils: Rohscan, zugehöriges Histogramm und die korrigierte Fassung. Beachten Sie besonders die dunklen Bereiche rechts über dem Baumstamm.

Quick Tipps Verdreht wird unscharf – Vorlagen möglichst gut ausrichten

Den Begriff „Interpolation" kennen viele Anwender vielleicht aus ihrem Bildbearbeitungsprogramm. Häufig wird auch in Scanner-Angeboten von „interpolierter Auflösung" gesprochen. Die Interpolationsmethode ist die Rechenmethode, mit der ein Programm die einzelnen Bildpixel berechnet, sobald etwas an deren Verteilung verändert wird.

Wann immer Sie Bilder verkleinern, vergrößern oder die Auflösung ändern, werden per Interpolation die Bildpixel berechnet. Genau das Gleiche passiert auch beim Drehen von Bildern. Selbst wenn es nur ein kleiner Winkel von z. B. 3° ist, um den das Bild gedreht wird, muss das Programm sämtliche Bildpixel neu berechnen. Hierbei kommt es immer zu gewissen Qualitätsverlusten.

Beim einmaligen Drehen ist dieser Qualitätsverlust so gering, dass er kaum auffallen wird. Man sollte aber auf jeden Fall darauf achten, dass Bilder nicht unnötig mehrmals gedreht werden – etwa um sich an den richtigen Winkel heranzutasten. Legen Sie Ihre Vorlage also schon möglichst gerade in den Scanner. Ein Szenario, wie Sie Bilder am besten in Ihrem Bildbearbeitungsprogramm drehen, finden Sie in Kapitel 8.

Besonders bei geringer Auflösung, wie sie bei Bildern für das Internet benötigt wird, ist die Wirkung einer leichten Drehung extrem: Dieses Beispielbild wurde lediglich um 3° gedreht.

Quick Tipps Optimaler Folienscan

Bei einer Overheadfolie – wie auch bei Filmmaterial in der Fotografie – ist die dickste Schicht die Trägerschicht. Der Farbauftrag macht gemessen an der Gesamtdicke der Folie den geringsten Teil aus.

Will man eine Overheadfolie einscannen, ist es wichtig, dass das Licht nicht erst durch die Trägerfolie auf die Farbschicht fällt, sondern diese Farbschicht direkt in Richtung der Scanner-Optik liegt. Anderenfalls kann es zu Problemen durch Überstrahlung kommen.

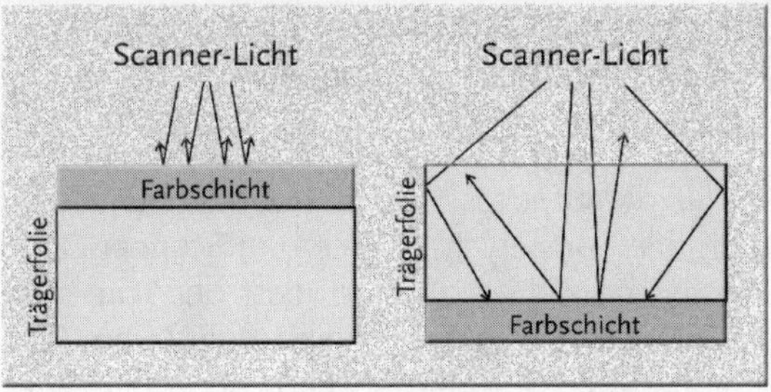

Links wird das Licht direkt von der Farbschicht reflektiert, hier kommt es nur zu geringen Streuverlusten. Rechts muss das Licht erst die Trägerfolie durchdringen, bevor es auf die Farbschicht fällt und hier reflektiert wird. Auf dem Rückweg in die Scanner-Optik kommt es zu Streuverlusten.

Das Licht fällt in die Trägerfolie, bricht sich darin und strahlt anschließend diffus auf die Farbschicht. Durch diese diffusen Lichtstrahlen kommt es zu einer Überstrahlung und damit zu einer Änderung der Strichstärke.

Links wurde die Überstrahlung verhindert, rechts wurde der Scan durch die Trägerfolie hindurch gescannt und die Strichstärke dadurch verringert.

Die Lösung: Achten Sie darauf, dass Sie dem Licht den kürzesten Weg bieten – also immer Farbschicht in Richtung Scanner-Optik legen. Das Problem, das hierbei entsteht, ist, dass der Scan spiegelverkehrt eingelesen wird. Sie müssen ihn dann in Ihrem Bildbearbeitungsprogramm zurückspiegeln. In Photoshop heißt der Befehl *Bild/Arbeitsfläche drehen/Horizontal spiegeln.*

Positiv darstellen – Negative schon beim Scannen umwandeln

Viele Scanprogramme sind in der Lage, Negative direkt beim Scannen in Positive umzurechnen. Dies ist sehr hilfreich, wenn Sie häufig Negative scannen.

Rasterlose Bilder – Moiré schon beim Scannen entfernen

Einige Scanprogramme bieten die Funktion „Entrastern". In Kapitel 8 wird beschrieben, wie Sie das Moiré in Ihrem Bildbearbeitungsprogramm entfernen. Beide Methoden funktionieren erfahrungsgemäß ähnlich gut. Auch der Scanner bzw. das Scanprogramm ist gezwungen, mit einer gewissen Weichzeichnung zu arbeiten. Praktisch ist, dass Sie häufig die Art des Rasters, das die Vorlage aufweist, einstellen können. So geht das Programm mit hochwertigen Druckvorlagen schonender um, als beispielsweise mit Zeitungsdruckvorlagen, die häufig mit einem groben Raster erstellt werden. Testen Sie eventuell die automatische und die manuelle Methode und vergleichen Sie die Ergebnisse.

Farbstiche schon beim Scannen korrigieren

Da die Farbstich-Korrektur-Funktionen der verschiedenen Scanprogramme sehr unterschiedlich funktionieren, kann das Vorgehen hier nicht detailliert beschrieben werden. Wichtig ist, dass sehr groben Farbstichen schon während des Scannens entgegengewirkt werden sollte. Dadurch können wichtige Details eventuell herausgearbeitet werden. Es gilt das Gleiche wie beim Thema „Helligkeit und Kontrast". Grobe Korrekturen sollten unbedingt schon während des Scanvorgangs vorgenommen werden. Die Feinabstimmung funktioniert allerdings besser in Bildbearbeitungsprogrammen.

Müssen Schwarzweißfotos anders behandelt werden?

In Bezug auf die Auflösung werden Schwarzweißfotos genauso behandelt wie Farbfotos. Sämtliche Tipps aus Kapitel 5 gelten auch hier.

Quick Tipps Mehr Kontrast ist wichtig: Graustufenbilder zunächst im Farbmodus scannen

Wenn Ihre Vorlage ein Farbfoto ist, Sie dieses aber für den Schwarzweißdruck benötigen, scannen Sie nicht direkt im Graustufenmodus, sondern zunächst im RGB-Modus. Das Problem der Graustufenumwandlung besteht darin, dass Farben ihren Helligkeitswerten entsprechend in Graustufen umgewandelt werden. Es kann passieren, dass zwei benachbarte Farbtöne so ähnliche Umwandlungswerte aufweisen, dass an dieser Stelle nach der Umwandlung eine einheitliche Fläche erscheint. Ein kniffeliger Fall ist beispielsweise eine Person mit einem roten T-Shirt und einer blauen Hose. Zwischen Shirt und Hose waren nach dem direkten Graustufenscan keine Unterschiede mehr zu erkennen. Die Lösung in einem solchen Fall ist häufig die Verwendung eines einzelnen Farbkanals:

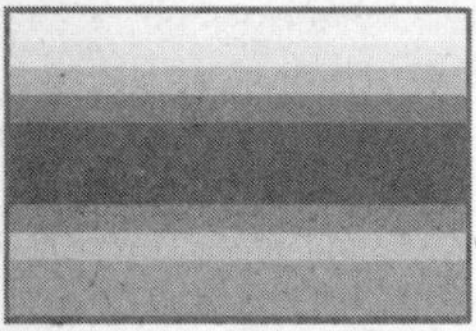

Hier wird das Problem sehr deutlich: Die Original-Farbvorlage zeigt von oben nach unten die Regenbogen-Farben. Nach dem Direktscan im Graustufenmodus sind viele Abstufungen nicht mehr erkennbar.

1. Scannen Sie das Bild im RGB-Modus und laden Sie es in Photoshop.
2. Rufen Sie die *Kanäle*-Palette mit *Fenster/Kanäle einblenden* auf.

So unterschiedlich wirken die einzelnen RGB-Kanäle: oben links der Rotkanal, oben rechts der Grünkanal und unten der Blaukanal.

1. Klicken Sie nacheinander die einzelnen Farbkanäle für Rot, Grün und Blau an und beobachten Sie die Wirkung auf das Bild. In vielen Fällen ist es so, dass der Grünkanal einen weit besseren Kontrast bietet, als es beim Graustufen-Direktscan entstehen würde.

2. Wenn Sie sich für einen Farbkanal entschieden haben, wählen Sie den Befehl *Bild/Modus/Graustufen.* Daraufhin erhalten Sie die Frage, ob die Farbinformation verworfen werden soll. Antworten Sie mit Ja bzw. *OK.*

Das linke Bild wurde direkt im Graustufenmodus gescannt, beim rechten Bild wurde lediglich der Rotkanal verwendet.

Quick Tipps Maximaler Kontrast für Graustufenbilder

Wenn Sie besonders schwierige Farbbilder in Graustufen umwandeln möchten, ist die Verwendung eines einzelnen Farbkanals eventuell noch nicht ganz zufrieden stellend. In diesem Fall kommt die Dialogbox *Kanalmixer* zum Einsatz.

1. Öffnen Sie ein beliebiges Farbbild und wählen Sie in Photoshop *Bild/Einstellen/Kanalmixer.*

2. Aktivieren Sie das Kontrollkästchen *Monochrom*, daraufhin wird das Farbbild in eine Graustufenfassung umgerechnet.

3. Jetzt können Sie aus den einzelnen Farbkanälen Anteile zusammen mischen bis der Kontrast und die Tonwertverteilung perfekt sind. Dies ist die professionellste Möglichkeit, Graustufenbilder zu erstellen.

Die linken Bilder sind direkt im Graustufenmodus gescannt, rechts wurde der Kontrast mit dem Kanalmixer geregelt.

Zeichnungen scannen

Wenn es um Zeichnungen geht, ist eine deutlich höhere Auflösung als bei so genannten Halbtonvorlagen nötig. Als Halbtonvorlagen werden solche Vorlagen bezeichnet, die echte Graustufen und Farbschattierungen aufweisen. Hierzu gehören Fotos, Gemälde oder auch dreidimensionale Objekte. Viele Empfehlungen besagen, dass man Strichzeichnungen – also Vorlagen, die nur aus Schwarz und Weiß bestehen – in der maximalen, optischen Auflösung des Scanners scannen sollte. Allerdings gilt dies nur, wenn der Drucker ebenfalls eine so hohe Auflösung wiedergeben kann. Ich selbst scanne Strichvorlagen mit einer Auflösung von 600 bis 800 dpi. Darüber hinaus konnte ich keine Qualitätsverbesserungen mehr erkennen.

Durchscheinende Rückseiten bei dünnem Papier

Wenn Sie Vorlagen scannen, die auf sehr dünnem Papier gedruckt sind, ist es möglich, dass die Rückseite durchscheint und die Scanqualität damit beeinträchtigt wird. Besitzt der Scanner keine schwarze Abdeckung, wirkt der Scan fleckig. Wenn Sie das Bild mit dem Radiergummi in Ihrem Bildbearbeitungsprogramm „säubern“ möchten, ist dies eine zeitintensive Aufgabe. Hierfür gibt es eine komfortable Lösung. Legen Sie auf die Rückseite Ihrer Vorlage eine schwarze Pappe. Dadurch wird der Hintergrund „verschluckt“. Der Scan wirkt durch diese Technik insgesamt etwas dunkler. Korrigieren Sie in diesem Fall die Helligkeit des Bildes mit der Tonwertkorrektur.

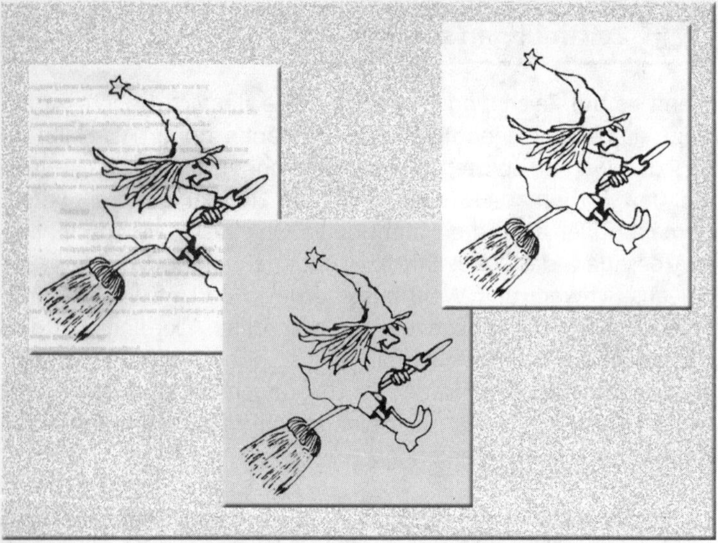

Immer dieselbe Vorlage: Links wurde mit einer weißen Scanner-Abdeckung gescannt, beim mittleren Bild wurde eine schwarze Pappe hinterlegt und rechts wurde das mittlere Bild durch Setzen von Schwarz- und Weißpunkt mit der Tonwertkorrektur in Photoshop korrigiert.

Zeit sparen durch richtiges Anlegen

Gerade wenn man sehr viele Bilder scannen muss, ist es hilfreich, die Vorlagen immer an der Scanner-Seite anzulegen, an der die Abtasteinheit startet. So muss die Scanner-Lampe nicht zunächst den gesamten Scanbereich durchfahren, bevor der eigentliche Scanvorgang startet.

Quick Tipps Zeichnungen auf Millimeterpapier optimal scannen

Millimeterpapier ist in der Regel glücklicherweise farbig. Wenn die Zeichnungen darauf andere Farben aufweisen, haben Sie leichtes Spiel beim Entfernen des Millimeterpapiers. Scannen Sie solche Vorlagen auf jeden Fall in Farbe. Wenn Ihr Scanner in der Lage ist, im CMYK-Modus zu scannen, nutzen Sie dies, anderenfalls wandeln Sie den Scan in Photoshop in den CMYK-Modus um.

Löschen Sie jetzt die Farbkanäle, in denen das Millimeterpapier zu sehen ist. Die exakte Anleitung zu dieser Arbeit mit Kanälen finden Sie im Tipp „Schwarzer Text auf farbigem Papier" in Kapitel 6.

Linien und Karos auf Papier verschwinden lassen – nur der Text bleibt sichtbar

Hierbei ist es wichtig, dass der Text möglichst andersfarbig oder dunkler ist als die Linien oder Karos. Da diese meist in Grau gedruckt werden, lassen sich diese meist gut entfernen. Wenn Text und Linien sich farblich unterscheiden, gehen Sie auch hier so vor, dass Sie in Farbe scannen und die entsprechenden Farbkanäle löschen, wie im Tipp „Schwarzer Text auf farbigem Papier" in Kapitel 6 beschrieben. Wenn Text und Linien schwarz bzw. grau sind, gehen Sie folgendermaßen vor:

1. Scannen Sie die Vorlage im Graustufenmodus und mit einer Auflösung von 400 bis 800 dpi – je nachdem, mit welchem Druckverfahren Sie den Text ausgeben.

2. Zoomen Sie in eine möglichst große Ansicht, sodass Sie die Linien und den Text gut erkennen können.

3. Laden Sie den Scan in Photoshop und wählen Sie *Bild/Einstellen/Tonwertkorrektur.*

4. In der Tonwertkorrektur finden Sie Pipetten zum Einstellen von Tiefen, Mitteltönen und Lichtern. Damit die Linien entfernt werden, klicken Sie mit der Schwarz-Pipette in den Text und mit der Weiß-Pipette auf eine der Linien.

5. Wenn Sie mit *OK* bestätigen, sollte nur noch der Text sichtbar sein.

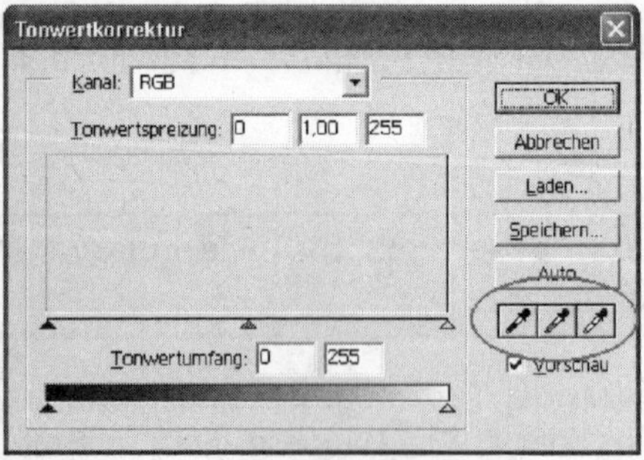

Mit den drei Pipetten legen Sie fest, welcher Tonwert im Bild nach der Korrektur Schwarz, 50 % Grau und Weiß entsprechen soll.

Quick Tipps Mehrere Vorlagen auf einmal scannen

Die meisten Scanprogramme sind in der Lage, mehrere Vorlagen in einem Rutsch zu scannen. Ziehen Sie einfach mehrere Markierungsrahmen auf, diese werden dann nacheinander „abgearbeitet".

Allerdings gilt hier bei einigen Programmen Vorsicht: Manchmal müssen Sie für jeden einzelnen Markierungsrahmen Auflösung und Farbmodus separat einstellen.

Mir ist es schon passiert, dass nur der erste Scan die gewünschten 300 dpi aufwies und alle anderen mit 150 dpi gescannt wurden.

Struktur bei Passfoto erzeugt ein Moiré

Nicht nur gedruckte Vorlagen erzeugen die unschönen so genannten Interferenzmuster, sondern auch solche, die eine starke Struktur aufweisen. Gerade hochwertige Passfotos vom Fotografen werden meist mit einer solchen Struktur versehen.

Verwenden Sie beim Scannen die Descreening-Funktion Ihres Scanners oder entfernen Sie das Moiré wie in Kapitel 8 beschrieben. Die wichtigsten Faktoren zum Entfernen von Moirés sind Weichzeichnung und Datenreduktion.

Scharfzeichnung verstärkt das Moiré

Wenn Sie gedruckte Vorlagen scannen, schalten Sie unbedingt die Scharfzeichnung der Scansoftware aus, die Scharfzeichnung würde das Moiré zusätzlich verstärken- Dadurch wird es unwahrscheinlich schwierig, das Moiré nachträglich im Bildbearbeitungsprogramm zu entfernen.

Keine Grauschattierungen durch Setzen von Schwarz- und Weißpunkt

Wann immer Ihnen ein Scan vorliegt, in dem viele Grauschattierungen enthalten sind, Sie aber daraus eine Strichzeichnung machen möchten, hilft das Setzen von Schwarz- und Weißpunkt mittels Tonwertkorrektur.

1. Laden Sie die Vorlage in Photoshop und wählen Sie *Bild/Einstellen/Tonwertkorrektur.*
2. Aktivieren Sie die linke der drei Pipetten und klicken Sie damit an die Stelle der Vorlage, die nach der Korrektur reines Schwarz darstellen soll.
3. Aktivieren Sie die Pipette ganz rechts in der Dialogbox und führen Sie einen Mausklick an der Stelle der Vorlage aus, die reines Weiß darstellen soll. Wenn Sie jetzt die Dialogbox bestätigen, sollte der gewünschte Kontrast erzielt sein.

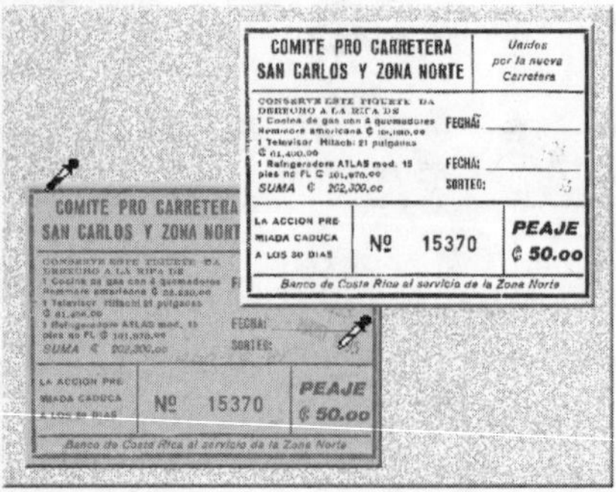

4. Mit der Schwarzpunkt-Pipette haben wir in den Rand der Vorlage geklickt und mit der Weißpunkt-Pipette in den Stempel. Allerdings müssen im Ergebnis rechts noch einige Reste des Stempels mit dem Radiergummi entfernt werden.

4. Speicherplatz sparende Dateiformate und maximale Qualität

Als Anwender fühlt man sich manchmal von der Fülle an Dateiformaten geradezu überschüttet. Glücklicherweise ist nur eine kleinere Zahl dieser Formate wirklich wichtig für den Bildbearbeiter-Alltag. Wenn Sie die Formate in diesem Kapitel kennen, sind Sie auf jeden Fall auf der sicheren Seite und haben das richtige Format für jeden Zweck.

Top 10 – Dateiformate: Tipps & Tricks

Weitere Formate finden

In diesem Kapitel finden Sie Informationen zu Dateiformaten, die für das Scannen relevant sind. Wenn Sie sich für das Thema „Dateiformate" auch hinsichtlich anderer Gebiete interessieren, finden Sie auf der Internetseite *www.dateiformate.de* weiterführende Tipps z. B. zur Video- und Audioverarbeitung. Die Seite befindet sich zurzeit noch im Aufbau. Es lohnt sich aber, immer mal wieder reinzuschauen.

Quick Tipps Dateien mit WinZip verlustfrei komprimieren

Auch WinZip gehört zu den Programmen, die zum kostenlosen Download zur Verfügung stehen. Es ist eines der bekanntesten Programme zum Packen und Entpacken von Dateien. Anders als bei den Komprimierungsformaten JPG oder GIF werden Dateien nicht mit *Datei/Speichern unter* gespeichert.

Ein typisches Szenario, wenn Sie WinZip auf Ihrem Rechner installiert haben: Öffnen Sie den Windows-Explorer und markieren Sie die zu komprimierenden Dateien. Klicken Sie mit der rechten Maustaste auf eins der markierten Objekte. Im Kontextmenü haben Sie jetzt die Möglichkeit, den Befehl *Zu ZIP-Archiv hinzufügen* zu wählen.

Auf *www.winzip.de* können Sie die Sharewareversion downloaden. Diese muss allerdings nach 21 Testtagen erworben werden. WinZip kostet zurzeit ca. 35 Euro.

Prima Seite für Sharewarejäger

Eine interessante Seite für den kostenlosen Download von Shareware ist *http://shareware4u.de/*. Hier finden Sie viele interessante Programme sowie professionelle Beschreibungen und Kundenbewertungen.

Textdateien in unterschiedlichen Programmen nutzen

Für die Textverarbeitung stehen viele Programme wie z. B. MS-Word, Star Writer oder Word Perfect zur Verfügung. Da nicht alle Anwender mit den neusten Versionen arbeiten, kann es zu Kompatibilitätsproblemen kommen.

Wenn Sie sicher sein wollen, dass andere Anwender Ihre Textdatei auf jeden Fall lesen können, ist die Lösung einfach: Speichern Sie die Datei mit *Datei/Speichern unter* als TXT-Datei. Der Nachteil dieses Formats liegt darin, dass es nur den reinen Text speichert. Sämtliche Formatierungen wie Schriftgrößen und Auszeichnungen in Fett oder Kursiv fallen hierbei raus.

Quick Tipps Speichern als ANSI- oder ASCII-Text?

Wenn Sie beim Speichern von Text die Wahl zwischen den Textkodierungen ANSI und ASCII haben, entscheiden Sie sich für ANSI. ASCII kennt keine deutschen Umlaute.

Quick Tipps Was kann RTF?

Das **R**ich **T**ext **F**ormat (RTF) wurde ursprünglich konzipiert, um den Austausch von Dokumenten auf verschiedenen Systemen zu ermöglichen. Leider hat Microsoft die RTF-Konventionen nicht eingehalten. Da die RTF-Kodierung erweitert wurde, kann es beim Austausch von Dateien verschiedener Systeme zu Problemen kommen. Das größte Problem ist, dass Formatierungen falsch übernommen werden. Hinzu kommt, dass RTF-Dateien deutlich mehr Speicherplatz belegen als Word-Dateien mit der Endung *.doc*.

Mit ImageReady als HTML-Datei speichern

Wenn Sie mit Adobes Animationsprogramm ImageReady z. B. Rollover-Effekte oder Animationen erstellen, können Sie diese mit dem Befehl *Datei/Optimiert-Version speichern unter* direkt als HTML speichern. Den Quellcode öffnen Sie dann mit Ihrem Editor und kopieren ihn direkt in die Internetseite.

Dateien anderen Usern als PDF zur Verfügung stellen

Das Format PDF erfährt eine immer weitere Verbreitung. Viele Internetseiten liegen als PDF vor und der Acrobat Reader, mit dem Sie sich PDFs anschauen können, steht unter *www.adobe.de* zum kostenlosen Download zur Verfügung. Auch auf CD-ROMs in Computerzeitschriften ist der Acrobat Reader häufig zu finden. Die weite Verbreitung macht dieses Format so attraktiv. Mit *Datei/Speichern unter* können Sie aus Photoshop heraus Bilder als PDF speichern. Wenn Sie diese z. B. per Mail an andere Anwender versenden, können diese Ihre Bilder mit dem Acrobat Reader betrachten. Achtung: Dateien, die als PDF gespeichert werden, sind nur begrenzt weiter zu bearbeiten. Je nach Einstellung kann es bei der PDF-Komprimierung zu Qualitätsverlusten kommen. Dieses Format ist also eher zum Betrachten und Drucken zu empfehlen.

Bilder für den Bildschirmschoner benötigen das BMP-Format

Das **B**it**m**a**p**-Dateiformat ist in der Windows-Welt weit verbreitet. Nahezu jedes Programm ist in der Lage, BMP-Dateien zu lesen. Es wird allerdings nicht sehr häufig eingesetzt, weil die Dateien relativ viel Speicherplatz belegen. Ein Einsatzgebiet, das häufig nach BMP verlangt, sind Hintergrundkacheln für Ihren Desktop und das Gestalten mancher Bildschirmschoner. Windows XP ist allerdings auch in der Lage, JPG-Dateien als Hintergrundbilder zu verwalten. Um Ihren Desktop mit einem Bild zu versehen, gehen Sie wie folgt vor:

1. Speichern Sie ein Bild als BMP oder JPG auf Ihrer Festplatte. Merken Sie sich den Speicherort.
2. Wählen Sie *Start/Systemsteuerung.* In der Systemsteuerung klicken Sie doppelt auf den Eintrag *Anzeige*.
3. Die Dialogbox *Anzeige* enthält mehrere Register. Klicken Sie *Desktop* an.
4. Im rechten Bereich des Registers finden Sie die Schaltfläche *Durchsuchen*. Klicken Sie darauf, sodass sich die gleichnamige Dialogbox öffnet. Navigieren Sie zu Ihrem Bild, markieren Sie es mit einem Mausklick und klicken Sie auf *Öffnen.*

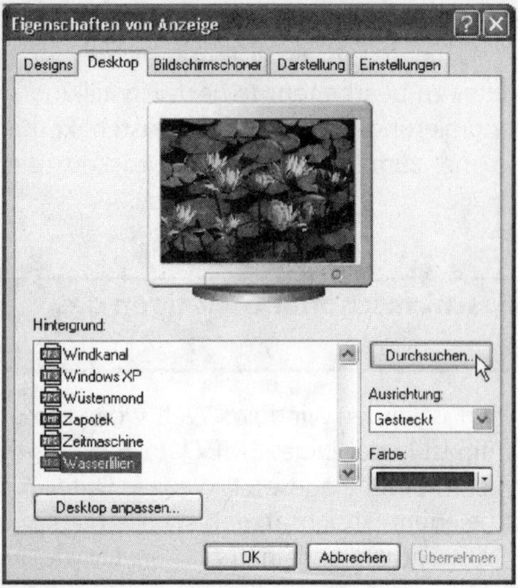

Wenn Sie auf die Schaltfläche *Desktop anpassen* klicken, können Sie bestimmen, wie Ihre Desktop-Symbole dargestellt werden.

5. Sie sind wieder zurück in der ersten Dialogbox. Direkt unter der Schaltfläche *Durchsuchen* finden Sie das Listenfeld *Ausrichtung.* Hier können Sie bestimmen, wie Ihr Bild auf dem Desktop angezeigt wird. Wenn Sie *Zentriert* wählen, werden die Originalpixel 1:1 auf den Bildschirm übertragen, es kommt zu keiner Vergrößerung oder Verkleinerung und das Bild wird einmal mittig auf dem Desktop angezeigt. Die Option *Nebeneinander* bewirkt, dass das Bild so oft eingefügt wird, wie es auf den Desktop passt – der Desktop wirkt dann gekachelt. Bei der Option *Gestreckt* wird das Bild auf die volle Desktop-Größe skaliert. Hierbei kann es sein, dass das Bild verzerrt wird. Die Proportionen sollten möglichst dem Bildschirm angepasst werden, um eine Verzerrung zu vermeiden. Ein wei-

teres Problem ist, dass bei kleinen, niedrig aufgelösten Bildern durch die Vergrößerung ein Schärfeverlust sichtbar wird. Sind Sie mit den Einstellungen zufrieden, klicken Sie auf *OK*.

Quick Tipps Gescannte Fotos als Bildschirmhintergrund

In Windows XP wurden die Ordner *Eigene Dateien* und *Eigene Bilder* noch komfortabler gestaltet. Wenn Sie mit dem Explorer zum Verzeichnis *Eigene Bilder* navigieren, haben Sie die Möglichkeit, mit einem Mausklick den Bildschirmhintergrund zu gestalten. Klicken Sie einfach Ihr Wunschbild an, daraufhin erscheint in der Leiste links im Bereich *Bildaufgaben* der Eintrag *Als Hintergrundbild*. Ein Klick auf diese Schaltfläche fügt Ihr Bild auf dem Desktop-Hintergrund mit der Option *Gestreckt* ein.

Ebenen-Spezi PSD-Format

Wann immer Sie mit Ebenen arbeiten, ist das PSD-Format die richtige Wahl. Es wurde für die Verwaltung von Ebenen konzipiert. Wenn Sie ein Bild mit verschiedenen Ebenen im PSD-Format abspeichern, schließen und wieder aufrufen, sind die Ebenen wie zuvor einzeln zu bearbeiten. Viele Bildbearbeitungsprogramme besitzen ein eigenes, spezielles Ebenen-Verwaltungsformat. In Corel PHOTO-PAINT heißt dieses Format übrigens CPT – **C**orel **P**HOTO-PAIN**T**-Bild.

Quick Tipps Verlustfrei abspeichern mit BMP

TIF gehört seit den Anfängen des „Desktop Publishing“ zu den Lieblingsformaten der Grafikbranche. Wann immer Sie Bilder im professionellen Offsetdruck publizieren, im Copyshop ausdrucken oder selbst auf Ihrem eigenen Drucker ausgeben möchten, sind Sie mit TIF auf der sicheren Seite. Alle Layout- und Bildbearbeitungsprogramme können TIF importieren. Eine Komprimierungsmethode, die Sie jederzeit getrost anwenden können, ist die LZW-Komprimierung, die TIF Ihnen beim Speichern anbietet. LZW arbeitet verlustfrei. Die Daten werden beim Öffnen vollständig dekomprimiert. Der Nachteil dieser Methode liegt darin, dass LZW nur relativ geringe Kompressionsraten erzielt. Hierbei gilt: Je mehr gleichfarbige Flächen im Bild vorkommen, umso besser ist LZW in der Lage, die Datenmenge zu verringern.

Bei glatten Flächen wie links funktioniert die LZW-Komprimierung sehr gut. Obwohl beide Bilder die gleichen Pixelmaße 1.000 × 1.000 Pixel aufweisen, belegt das linke Bild 30 KByte und das rechte 723 KByte. Ohne Komprimierung belegen beide Bilder 980 KByte.

So arbeitet die LZW-Komprimierung

Bei der LZW-Komprimierung wird beim Speichern zusätzlich eine Mustererkennung eingesetzt, die nach ihren Erfindern **L**empel,

Ziv und **W**elch benannt wurde. Sie kennen dieses absolut verlustfreie Verfahren eventuell schon vom Speichern als TIFF. LZW arbeitet folgendermaßen: Es sucht im Bild von oben nach unten und von links nach rechts nach gleichen Pixelfolgen und speichert die Beschreibung in eine Referenz.

Findet LZW Pixelfolgen mit identischer Farbe, wird die Beschreibung der Folge gespeichert und nicht jedes einzelne Pixel. Das bedeutet praktisch: Wenn in einem Bild 100 grüne Pixel aufeinander folgen, speichert LZW nicht jedes einzelne Pixel mit seiner Farbinformation, sondern beschreibt die Farbinformation nur einmal und beschreibt, dass dieser Farbwert hundertmal hintereinander vorkommt.

Quick Tipps Die Funktion Für Web speichern

Wenn Sie Bilder für das Internet erstellen, ist diese Funktion äußerst interessant. Zwar können Sie auch mit *Datei/Speichern unter* arbeiten, doch dabei erhalten Sie in den wenigsten Programmen eine Vorschau, die Ihnen die Bildqualität schon während des Speicherns anzeigt.

In der Dialogbox *Für Web speichern* stehen Ihnen in Photoshop und ImageReady 4 Vorschauabbildungen nebeneinander zur Verfügung. Sie können für jedes Vorschaubild ein anderes Komprimierungsformat anwenden und die Qualität vergleichen. Direkt darunter wird Ihnen angezeigt, welche Dateigröße Sie bei der aktuellen Optimierung erreichen. Rechts in der Dialogbox gibt es zahlreiche Optionen, mit denen Sie die Optimierung genau einstellen können.

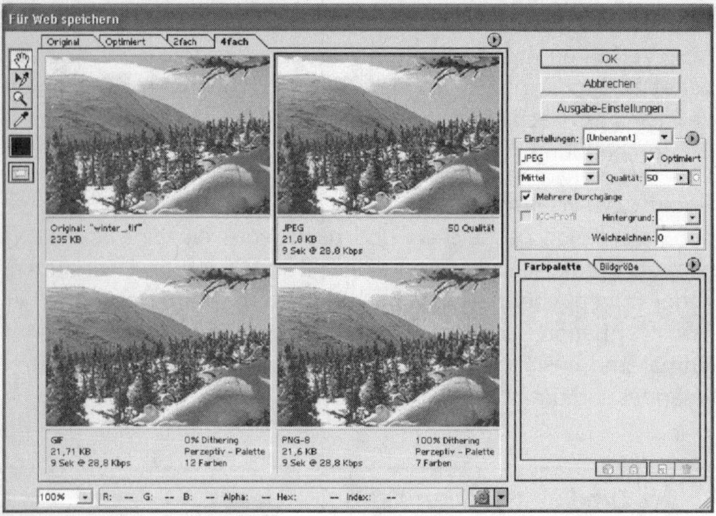

Hier wurden für die drei Formate JPEG, GIF und PNG die Optimierungsoptionen so eingestellt, dass eine etwa gleiche Dateigröße erreicht wird. Vergleicht man die Qualität der Bilder, wird die Entscheidung für JPEG fallen.

Auf bestimmte Dateigröße komprimieren

Eine Faustregel besagt, dass Bilder, die man im Internet publiziert, eine Dateigröße von ca. 20 KByte nicht überschreiten sollen. Solche Angaben sind starken Wandlungen unterworfen, da Internetverbindungen immer schneller werden und Dateigrößen von über 20 KByte seit DSL unproblematisch sind. Grundsätzlich hängt die maximale Größe davon ab, ob auf Ihrer Website die Geschwindigkeit oder die Bildqualität der entscheidende Faktor ist.

Will man Bilder in Webgalerien veröffentlichen, darf man mitunter eine bestimmte Dateigröße nicht überschreiten. Möchten Sie ein Bild z. B. auf eine Dateigröße von 30 KByte bringen, verwenden Sie in der Dialogbox *Für Web speichern* die Option *Auf Dateigröße optimieren.*

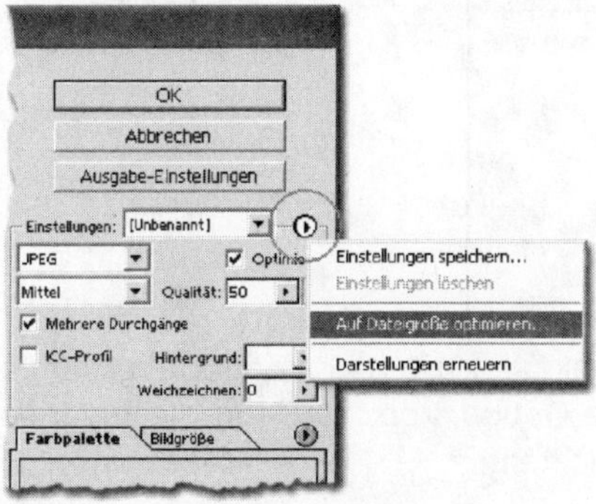

Die Option *Auf Dateigröße optimieren* versteckt sich unscheinbar im Menü *Optimiert* der Dialogbox *Für Web speichern*. Sie müssen auf den kleinen schwarzen Pfeil oben rechts in der Dialogbox klicken, um zu diesem Menü zu gelangen.

Was bedeutet „Indizierte Farben"?

Im Menü *Bild/Modus* finden Sie den Eintrag *Indizierte Farben*. Wenn Sie ein Bild in diesen Modus konvertieren, wird die Anzahl der Farben auf maximal 256 reduziert. Dies ist die Farbanzahl, mit der die Formate GIF und PNG-8 standardmäßig arbeiten. Sie können diesen Modus aber auch im Format TIF einsetzen. Die Anzahl der Farben können Sie hierbei exakt festlegen. Die Verwendung von maximal 256 Farben reduziert die Dateigröße erheblich. Sie können jedes RGB- oder Graustufenbild in diesen Modus umwandeln. Gehen Sie dabei wie folgt vor:

1. Falls in Ihrem Bild mehrere Ebenen vorhanden sind, müssen Sie diese erst mit *Ebene/Auf Hintergrundebenen reduzieren* verschmelzen. Wählen Sie *Bild/Modus/Indizierte Farbe.*

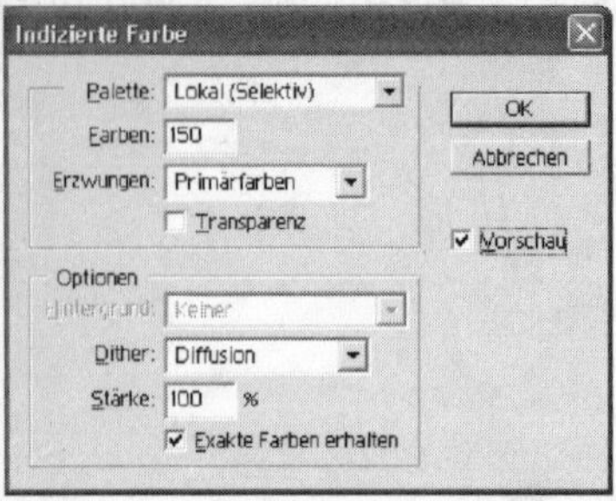

2. Die darauf folgende Dialogbox ist sehr komfortabel aufgebaut. Aktivieren Sie die Option *Vorschau,* um die Veränderungen im Bild zu beobachten.

3. Verändern Sie die Anzahl der Farben und testen Sie, ob sich das Ditherinig – also Rasterung – positiv auswirkt. Wenn Sie mit den Einstellungen zufrieden sind, bestätigen Sie mit *OK*. Das Bild wird umgewandelt und Sie können es speichern.

Links sehen Sie das Original im RGB-Modus mit 16,7 Millionen Farben, rechts das indizierte Bild mit nur 150 Farben. Auch im Original-Farbbild sind kaum Qualitätsverluste erkennbar.

Quick Tipps Farbübergänge simulieren

Um Verbesserungen bei der Komprimierung zu erzielen, können Sie die Option *Dither* einsetzen. Dabei wird das Bild mit einem Raster versehen. Kommt ein Bild nicht mit 256 Farben aus, ermöglicht es das Rastern, Farbübergänge zu simulieren.

Feine Details, die bei der Farbreduzierung verloren gehen und zu Flächen zusammengefasst werden, sind so wieder darstellbar. In diesen Flächen werden aus der vorhandenen Farbtabelle ähnliche Farben hinzugerechnet, um eine Art Körnung zu erzeugen.

Dithering erhöht den Speicherbedarf etwas, da durch das Reduzieren gleichmäßiger Farbmuster die LZW-Komprimierung nicht mehr zum Einsatz kommen kann.

Sie können zwischen den Dither-Arten *Diffusion, Muster* und *Störungsfilter* wählen. Welche Methode das beste Ergebnis bringt, hängt von der Bildvorlage ab. In den meisten Fällen bringt die Option *Diffusion* optimale Erfolge.

Des Weiteren können Sie die Stärke des Dither-Musters einstellen. Der Wert bewegt sich zwischen 0 und 100 %.

Extrem-Beispiel mit nur 30 Farben: Das Bild links wurde ohne Dithering gespeichert, das rechte mit 100 % Dithering. Es wird deutlich, dass die Übergänge rechts nicht so stufig wirken, allerdings wird bei dieser sehr geringen Farbanzahl die Rasterung sehr deutlich.

Quick Tipps Auf Nummer sicher mit websicheren Farben

Um sicherzustellen, dass jede der von Ihnen gewählten Farben im Web gleich dargestellt wird, wurde ein Standard-Schema entwickelt. Hierbei wurde festgelegt, dass jeder **R**ot-, **G**rün- und **B**lauwert (RGB) einer Farbe durch die Zahl 51 teilbar sein muss.

Dadurch stehen Ihnen sechs Werte (0, 51, 102, 153, 204 und 255) pro Farbkanal zur Verfügung. Dies ergibt 6 × 6 × 6, also 216 mögliche Farben. Dieses Schema wird von sämtlichen Systemen und Browsern korrekt dargestellt.

Fotos so klein wie möglich mit JPEG

Die JPEG-Kompression ist am besten für Bilder geeignet, die viele Details enthalten. Sie funktioniert durch eine Trennung von Helligkeitsinformation und Farbinformation.

Die Kompressionsmethode wird auf eine Pixelgruppe von 8 × 8 Pixeln angewendet. Innerhalb dieser Gruppe werden Helligkeit und Farben je nach Kompressionsfaktor angeglichen.

Das Verfahren eignet sich also nur begrenzt für Kanten und Schrift. Diese Verringerung der Dateigröße wird als Lossy-Komprimierung bezeichnet – sie ist also nicht verlustfrei.

Dateien als JPEG speichern

Photoshop bietet zwei Möglichkeiten, die JPEG-Komprimierung einzustellen. Zum einen können Sie einfach den Befehl *Datei/ Speichern unter* verwenden, zum anderen *Datei/Für Web speichern.*

Die Einstellungsmöglichkeiten bei der zweiten Variante sind allerdings vielfältiger.

Die Befehle „Störungen entfernen" und „Weichzeichnung" verringern die Dateigröße

Viele Störungen innerhalb eines Bildes verringern die Kompressionsrate. Um die Datenmenge zu reduzieren, wählen Sie vor der Optimierung von JPEGs *Filter/Störungen entfernen* oder – wenn dies nicht die Bildqualität zu sehr beeinträchtigt – *Filter/Weichzeichnungsfilter/Weichzeichnen*.

Die Option „Hintergrund" bei der JPEG-Speicherung

JPEG ist zwar nicht in der Lage, Transparenz zu speichern, aber auch hier können Sie eine Farbe für den Hintergrund angeben, indem Sie in der Dialogbox *Für Web speichern* das Listenfeld *Hintergrund* öffnen und dann den Eintrag *Andere* wählen.

Wählen Sie hier die Farbe aus, die Sie dem Website-Hintergrund zugewiesen haben. Durch diese Aktion werden Übergänge zur Hintergrundfarbe der Website fließender.

Quick Tipps JPEG möglichst nur einmal speichern

Speichern Sie JPEG-Dateien unbedingt nur einmal, denn jedes neue Speichern bedeutet eine weitere Verschlechterung der Bildqualität. Es empfiehlt sich grundsätzlich, alle JPEGs aus einer TIF- oder PSD-Datei zu erstellen. Bewahren Sie daher möglichst die Originaldaten auf, falls Sie eine Datei erneut in abweichender Größe als JPEG speichern müssen.

Manchmal kommt man allerdings nicht umhin, Bilder zweimal als JPEG zu speichern. Dies ist der Fall, wenn ein Bild als JPEG von einer Digitalkamera geladen und dann für eine Website als JPEG optimiert wird. Ist dies der Fall, sollten Sie beim ersten Speichern die maximale Speicher-Qualität einstellen.

Fotos auf Websites langsam einblenden

Im Bereich *Format-Optionen* der Dialogbox *Für Web speichern* können Sie entscheiden, welche Speichermethode Sie auswählen möchten. Wählen Sie *Baseline* (*Standard*). Diese Optimierungsart wird von den meisten Webbrowsern unterstützt. Wenn Sie die Option *Baseline optimiert* wählen, wird die Farbqualität des Bildes zwar leicht erhöht und die Datenmenge noch etwas reduziert, aber diese Methode wird nicht von allen Browsern unterstützt. Die Option *Mehrere Durchgänge* entspricht dem Interlaced-Modus beim Speichern von GIFs. Auch hierbei wird das Bild sukzessive aufgebaut, um dem Betrachter schnell eine Vorschau zu liefern.

Wenn JPEG-Bilder nicht lesbar sind

Manche Programme sind nicht in der Lage, im JPEG-Format gespeicherte CMYK-Dateien zu lesen. Wenn es wichtig ist, das Bild im CMYK-Modus zu speichern, verwenden Sie ein anderes Dateiformat.

JPEG-Störungen sind im Nachhinein schwer zu beseitigen

Bei einer starken Kompression kann es bei kontrastreichen Kanten zur Bildung von störenden Mustern und Streifen kommen. Sie können diesen Umstand zum Teil mit der Option *Weichzeichnen* bereinigen. Hilfreich ist es z. B. in Photoshop, das Werkzeug

Weichzeichner zu aktivieren und damit die Bereiche zu glätten, in denen die Störungen am stärksten auffallen.

Was bedeutet der Ausdruck „Artefakte"?

Kompressions-Artefakte sind Bildfehler, die durch eine verlustbehaftete Kompression entstehen. Sie unterscheiden sich je nach Kompressionsverfahren.

Am bekanntesten sind die unschönen blockartigen Bildfehler, die bei der JPEG-Kompression auftreten.

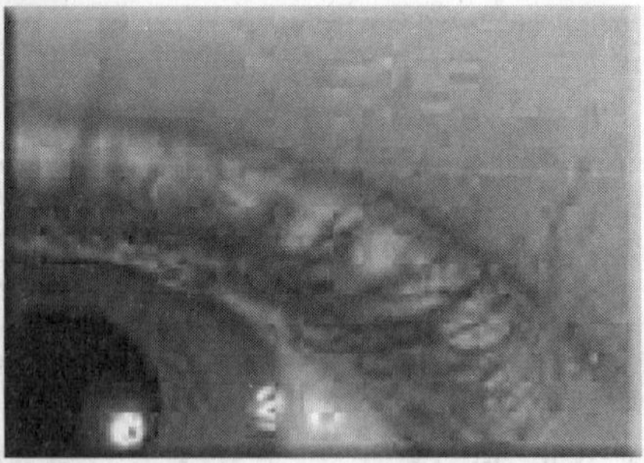

Revolution mit JPEG 2000?

Seit 1997 wird das Dateiformat JPEG 2000 entwickelt. Die Überarbeitung des JPEG-Standards soll bei noch höherer Kompressionsrate eine bessere Bildqualität ergeben. Jedes Pixelbild wird dazu ausführlich vor der Kompression analysiert und unifarbene, glatte Flächen werden nur noch grob aufgelöst.

Gleichzeitig bietet JPEG 2000 durch eine reduzierte Artefakt-Bildung eine deutlich bessere Bildqualität. JPEG 2000 kann außerdem digitale Wasserzeichen speichern und schützt so vor

Raubkopien. Ein JPEG 2000-Plug-In für Photoshop ist bereits über die Adresse *http://www.luratech.de/jpeg2000* erhältlich.

Grafiken mit wenigen Farben werden winzig mit GIF

Ein RGB-TIFF ohne Komprimierung speichert jedes einzelne Pixel mit einer Farbinformation von 24 Bit. Davon ausgehend, dass eine Datei gar nicht so viele Farben benötigt, ermittelt GIF, welche Farben in der Bilddatei überwiegend vorhanden sind, und beschränkt die Anzahl der Farben auf maximal 256, also 8 Bit plus eine Farbtabelle, in der die benötigten Farben definiert sind.

Je weniger Farben im Bild vorhanden sind, desto geringer wird auch der Speicherbedarf, den das Bild als GIF benötigt. Wenn Grafiken nur eine geringe Anzahl von Farben beinhalten und nur eine kleine Farbtabelle zu verwalten ist, ergibt sich eine verlustfreie Darstellung im GIF-Format.

Möchten Sie die Datenmenge noch weiter reduzieren, können Sie die Anzahl der Farben kontrolliert reduzieren. Farbtiefen unter 32 Farben sollten jedoch ausschließlich einfachen Grafiken vorbehalten sein.

Transparenz und Bewegung abspeichern

Jedes Dateiformat hat seine ganz individuellen Vorzüge. Wenn Sie ein Bild mit Transparenz oder eine Animation abspeichern möchten, ist GIF das geeignete Format.

Was bedeuten die Speichermethoden perzeptiv, adaptiv und selektiv?

Wenn Sie eine Grafik mit einer Farbinformation von mehr als 256 Farben als GIF speichern, muss eine neue Farbpalette aufgebaut werden. Da das GIF-Format nur 256 Farben unterstützt, wird der Informationsgehalt reduziert. Um den Verlust zu kontrollieren und damit möglichst gering zu halten, erhalten Sie die Möglichkeit, zwischen verschiedenen Konvertieroptionen zu wählen. Je nach Grafik bringen verschiedene Optionen unterschiedliche Ergebnisse. Die adaptive Konvertierung erstellt eine Palette, deren Farbauswahl sich nach den Farbtönen des Originalbildes richtet. Enthält das Original z. B. überwiegend die Farben Rot und Blau, wird bei der Konvertierung das Gewicht auf diese Farben gelegt. Bei der perzeptiven Konvertierung erstellt Photoshop eine Palette, die Farben enthält, die das menschliche Auge am besten wahrnimmt. Die selektive Konvertierung arbeitet mit einer Palette, die ähnlich der Option *Perzeptiv* arbeitet. Zusätzlich werden hierbei jedoch große Farbbereiche berücksichtigt und in die Palette aufgenommen. Außerdem wird dem Erhalt von Webfarben der Vorzug gegeben.

Weitere Paletten für die GIF-Komprimierung

Des Weiteren stehen Ihnen folgende Paletten zur Verfügung: System (Windows), System (Mac OS) und Web. Diese Paletten begrenzen sich auf fest definierte Farben für das jeweilige Medium. Sie erhalten damit die Möglichkeit einer exakten Farbdarstellung bei Usern, die mit der 8-Bit-Farbdarstellung arbeiten. Erfahrungsgemäß liefern diese Paletten allerdings nicht so gute Ergebnisse und können daher vernachlässigt werden.

Was ist eine „exakte Palette"?

Bei der Option *Exakte Palette* handelt es sich nicht um eine Farbkonvertierung. Diese Palette steht nur dann zur Verfügung, wenn das Bild im Original nicht mehr als 256 Farben besitzt. Sie erhalten bei dieser Option die gesamte Farbpalette des Originalbildes. Mit der Option *Eigene Palette* können Sie eine eigene Palette erstellen.

Bei GIF immer lieber ein paar Farben mehr speichern

Wenn es die Dateigröße zulässt, speichern Sie bei GIF lieber ein paar Farben mehr als zu wenig. Dies trifft z. B. auf Schrift zu, die mit Antialiasing, also Kantenglättung gespeichert wurde. Intuitiv möchte man die Schrift mit nur zwei Farben abspeichern – z. B. Schwarz für die Schrift und Weiß für den Hintergrund. In diesem Fall würde der Text aber stufig wirken. Geben Sie statt der zwei Farben z. B.: sechs bei der Speicherung an, denn die Kantenglättung benötigt Zwischentöne, um den Glättungseffekt zu erzeugen.

Hintergrundfarbe transparent mit GIFs

Aktivieren Sie das Kontrollkästchen *Transparenz*. Um harte Übergänge zwischen den nicht transparenten Teilen Ihrer Grafik und dem Hintergrund zu verhindern, sollten Sie die Hintergrundfarbe Ihrer Website – oder z. B. Ihrer PowerPoint-Präsentation – zum Angleichen transparenter Pixel im Auswahlfeld *Hintergrund* auswählen. Dadurch werden die Randpixel geglättet und an den Hintergrund angeglichen. Anderenfalls kann es am Übergang von Grafik zu Hintergrundfarbe zur Treppchenbildung kommen.

Öffnen Sie das Listenfeld *Hintergrund* und wählen Sie den Eintrag *Andere*. Jetzt können Sie direkt die RGB-Werte eingeben, die der Hintergrund Ihrer Website aufweist.

Bilder mit GIF langsam erscheinen lassen

Der Interlaced-Modus ist ein weiteres Highlight von GIF. Hierbei wird das Bild in vier Schichten abgespeichert und dann auf der Website geladen, sodass der Betrachter das Bild schon während des Aufbaus erkennen kann. Interlaced ist normalerweise für größere GIF-Dateien mit mehr als 15 KByte eine besonders interessante Option. Das Bild wird hierbei in Etappen übertragen, was im Browser so aussieht, als käme zunächst ein unscharfes Bild an, das dann sukzessiv schärfer wird, bis es komplett geladen ist. Der Trick dabei ist, dass die Pixelreihen nicht von oben bis unten durchkodiert werden, sondern zuerst jede achte Reihe, also 1, 9, 17, 25 usw., dann genau die dazwischen liegenden Reihen, die Reihen 5, 13, 21, 29, und dann die weiteren Reihen gespeichert werden.

Optimieren von GIF-Animationen

Eine Animation besteht – wie ein Trickfilm – aus einer Reihe von Bildern, die in einzelnen Frames gespeichert werden. Die Frames werden mit einer bestimmten Zeitverzögerung nacheinander angezeigt. Die Illusion einer Bewegung entsteht durch das Anzeigen von Frames in schneller Abfolge. Sie können Animationen in ImageReady in zwei Formaten – als eine Reihe von GIF-Dateien oder als QuickTimeTM-Film – speichern.

Die Optimierung von animierten GIF-Dateien funktioniert genauso wie die Optimierung einfacher GIF-Bilder. Da GIF-Animationen mit vielen Farben sehr schnell zu viel Speicherplatz verbrauchen, sollten Sie möglichst Grafiken einsetzen, die wenige Farbübergänge beinhalten.

Das eigentliche Optimieren der GIF-Animationen geschieht in ImageReady. Das Programm bietet ein Optimierungsfenster, das der Dialogbox *Für Web speichern* sehr ähnelt. Jede Datei, die Sie in ImageReady öffnen, befindet sich automatisch in einem Optimieren-Fenster. Allerdings befinden Sie sich zunächst im Register *Original.* Um die optimierte Version anschauen zu können, müssen Sie das Register *Optimiert* anklicken. Das Optimierungsfenster wird sofort nach dem Öffnen einer animierten GIF-Datei aufgerufen. ImageReady bietet eine spezielle Dithering-Technik, die die Dither-Muster in allen Frames angleicht. Durch diese Technik wird ein Flimmern verhindert. Die Optimierung einer GIF-Animation soll an einem Beispiel vorgeführt werden.

1. Starten Sie ImageReady und laden Sie eine animierte GIF-Datei. Die Datei wird sofort in dem Optimierungsfenster geöffnet. Klicken Sie das Register *Optimiert* an. Darunter sehen Sie die Angabe zur Größe der Datei.

2. Sollte die Dialogbox *Optimieren* nicht neben dem Fenster erscheinen, rufen Sie diese über den Befehl *Fenster/Optimieren einblenden* auf.

3. Klicken Sie auf den runden Schalter, der sich rechts der Register befindet. Wählen Sie aus dem Menü den Befehl *Auf Dateigröße optimieren*. Das Ziel der optimierten Version sollte zwischen 20 und 30 KByte liegen. Wählen Sie die gewünschte Dateigröße und bestätigen Sie mit *OK*.

4. Variieren Sie die einzelnen Einstellungen wie *Lossy, Dithering-Technik* und *Farbpalette*, um das beste Ergebnis zu bekommen. Wir erreichten befriedigende Ergebnisse bis zu einer Da-

teigröße von 25 KByte mit den Einstellungen *Lossy 0, 100% Dithering,* dem *Dithering-Algorithmus Diffusion* und *16 Farben.*

5. Haben Sie ein befriedigendes Ergebnis erreicht, speichern Sie die Animation mit dem Befehl *Datei/Optimiert-Version speichern unter.*

Anzahl der Animationsdurchgänge begrenzen

Animationen funktionieren prima als Blickfang auf Internetseiten. Wenn der Betrachter sich dann dem Inhalt der Website widmet, werden zahlreiche Animationen manchmal als störend empfunden. Aus diesem Grund ist es sinnvoll, die Durchgänge der Animationen zu begrenzen. Rufen Sie dazu die Palette *Animation* mit *Fenster/Animationen einblenden* auf. In der linken unteren Ecke der Palette befindet sich ein Auswahlmenü, in dem Sie auswählen können, wie oft die Animation ablaufen soll.

Animierte Bereiche möglichst gering halten

Wenn Sie eine GIF-Animation gestalten möchten, überlegen Sie vorher kurz, welche Teile der Grafik animiert werden sollen. Das bedeutet, dass Pixel, die in einzelnen Frames übereinander liegen, möglichst gleich bleiben. Sie können einen kleinen Film mit 100 Frames erstellen, der nur wenige KByte einnimmt, wenn Sie mit wenigen Farben arbeiten und ein wenige Pixel großes Objekt in Bewegung halten. Im Gegensatz dazu erreicht man mit einer kurzen, aber fotografischen Animation, in der sich die gesamte Farbgebung des Bildes verändert, große Datenmengen.

Optimieren kleiner Dateien

Es gibt Grafiken, bei denen die Wahl des Dateiformats nicht so klar ist. Dies kann beispielsweise bei Schaltern mit vielen Farbabstufungen und Schatten der Fall sein. Gerade in solchen Fällen leistet die Photoshop-Funktion *Auf Dateigröße optimieren* eine große Hilfe.

Der Grund dafür, dass bei kleinen Fotos auch mit dem GIF-Format gute Ergebnisse erzielt werden, liegt an der geringen Gesamtzahl der Pixel. Dadurch begrenzt sich auch die Anzahl der Einzelfarben, die das Bild enthalten kann.

Drei Formate – gleiche Größe: Alle drei Schalter wurden auf eine Dateigröße von 5 KByte optimiert. Qualitätsunterschiede sind kaum erkennbar. Von links nach rechts sehen Sie JPEG, GIF und PNG.

Alleskönner fürs Internet: das PNG-Format

PNG ist die Abkürzung für **P**ortable **N**etwork **G**raphic und spricht sich „ping" aus. Das vom WWW-Consortium entwickelte Format soll GIF- und JPEG-Bilder ablösen. Das Problem ist, dass ältere

Browser PNG nicht darstellen können. Dies mag der Grund dafür sein, warum PNG immer noch nicht sehr weit verbreitet ist. Grundsätzlich soll PNG bei gleicher Optimierungsgröße eine bessere Qualität erzielen als JPEG und GIF. Erfahrungsgemäß ist dies nicht immer der Fall und sehr motivabhängig. Probieren Sie aber in jedem Fall bei Ihren Bildern auch die PNG-Komprimierung aus – in einigen Fällen ist die Qualität wirklich erheblich höher.

Transparenz mühelos speichern

Eine sehr komfortable Einrichtung ist der Photoshop-Assistent für die Transparenz-Speicherung.

1. Wählen Sie in Ihrem Bild mit einem Auswahlwerkzeug die Bereiche aus, die später transparent erscheinen sollen. Falls es sich um eine schwierige Auswahl handelt, verwenden Sie die Option *Extrahieren*.

2. Wählen Sie in Photoshop *Hilfe/Transparentes Bild exportieren.*

3. Der Assistent leitet Sie jetzt durch sämtliche Schritte. In der ersten Dialogbox müssen Sie die Option *Ich habe den transparent zu machenden Bereich ausgewählt* anwählen. (Wenn Sie mit *Extrahieren* gearbeitet haben, verwenden Sie die Option *Mein Bild hat einen transparenten Hintergrund*).

4. Im nächsten Schritt sagen Sie dem Assistenten, ob Sie das Bild drucken oder online publizieren möchten. Bestätigen Sie die Dialogboxen jeweils mit *Weiter*.

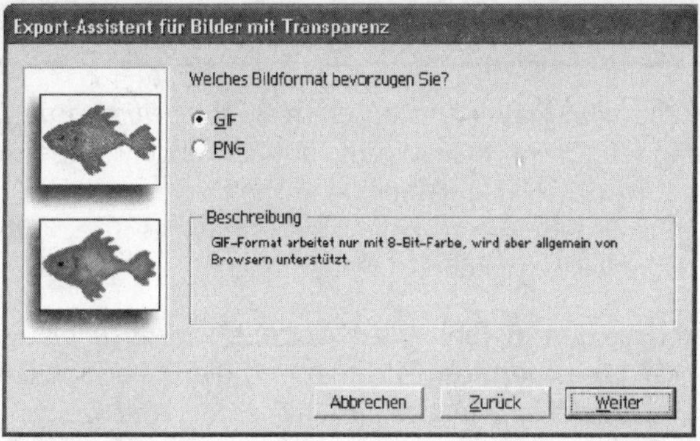

5. Es folgt die Dialogbox, in der Sie sich für ein Format entscheiden müssen. Photoshop führt Sie dann zur *Speichern unter*-Dialogbox. Bestätigen Sie alle Dialogboxen, bis Sie zur Schaltfläche *Fertig* gelangen.

Kreative Komprimierung

Die bisherigen Tipps verfolgen die Grundidee, beste Qualität bei möglichst geringem Speicherbedarf zu erzielen. Im Folgenden stellen wir Ihnen Beispiele dafür, dass man auch sehr kreative Effekte mit der Funktion *Für Web speichern* erzielen kann.

Starke Komprimierung verändert eine Grafik drastisch. Diesen Ansatz können Sie quasi als Filter verwenden. Zusammen mit dem optischen Effekt bekommen Sie eine Grafik mit minimalem Speicherbedarf.

Effekte mit Farbenreduzierung erzielen

1. Öffnen Sie eine Datei – in unserem Beispiel *Pfirsich.tif*. Das Bild befindet sich im RGB-Modus, umfasst also Millionen von Farben. Um das Bild auf wenige Farben zu reduzieren und dabei gute Ergebnisse zu bekommen, muss noch ein wenig Vorarbeit geleistet werden.

2. Wählen Sie den Befehl *Filter/Weichzeichnungsfilter/Gaußscher Weichzeichner* aus. Es öffnet sich die Dialogbox *Gaußscher Weichzeichner*, in der die Stärke der Weichzeichnung über die Radiusgröße angegeben werden kann.

3. Geben Sie als Radiusgröße einen Wert von ca. 1,5 Pixeln ein. Der Effekt gleicht Pixel im angegebenen Radius einander an, wodurch einzelne Pixel, die sich in ihrer Farbgebung von den umliegenden unterscheiden, entfernt werden. Es entstehen bei der Farbreduzierung zusammenhängende Flächen.

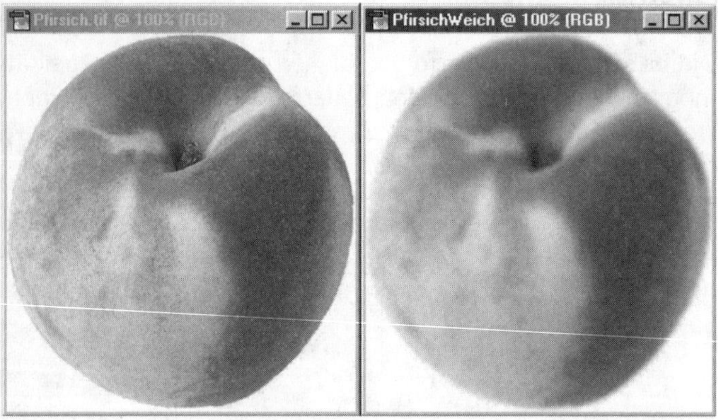

4. Wählen Sie wieder den Befehl *Für Web speichern.* Weisen Sie dem Vorschaubild das Format GIF zu und verringern Sie die Farbanzahl auf beispielsweise 5. Setzen Sie den Wert für

Dithering auf 0 %. Dadurch bekommen Sie sehr harte Farbübergänge und das Bild wirkt plakativ. Je nach Einstellung der Palettenart ergeben sich geringe Unterschiede. Wählen Sie die Palette *Web*, um sicherzustellen, dass Ihre Bilder auf allen Systemen gleich dargestellt werden.

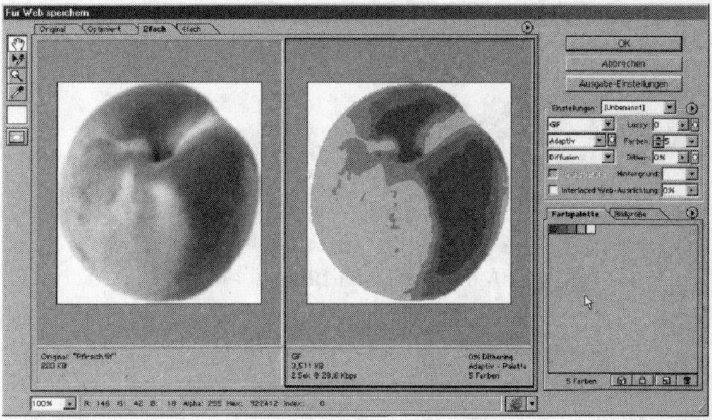

5. Doppelklicken Sie auf eines der fünf Kästchen, die die Farben symbolisieren. Das Dialogfenster *Farbwähler* wird geöffnet. Hier kann die gerade angeklickte Farbe durch eine andere ersetzt werden.

6. Klicken Sie im Rechteck mit der Farbauswahl auf einen passenden Farbton und bestätigen Sie die Auswahl mit *OK*. Die Originalfarbe wird nun ersetzt. Besteht ein Bild wie hier nur aus wenigen Farben, aktivieren Sie im Farbwähler die Option *Nur Webfarben*. Bietet die auf 216 Farben begrenzte Webpalette die von Ihnen gesuchten Farben nicht, deaktivieren Sie diese Option, allerdings gehen Sie damit das Risiko ein, dass diese Farbe in einigen Browsern falsch dargestellt wird.

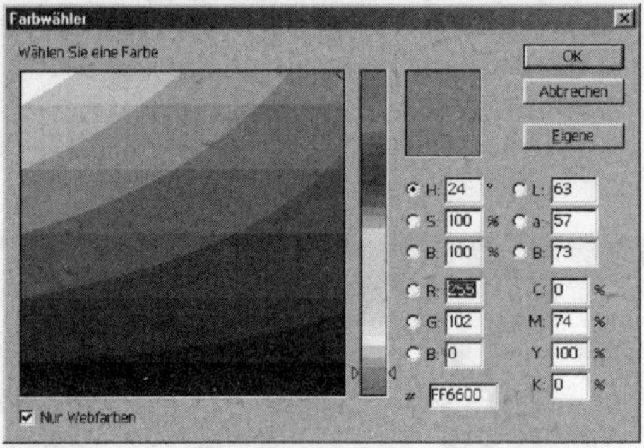

7. Wiederholen Sie den Schritt bei allen übrigen Farben. Wenn Sie dabei eine Webfarbe auswählen, wird dies durch einen Punkt im dazugehörigen Farbkästchen gekennzeichnet. Klicken Sie auf *OK*, sobald Sie mit den Farbeinstellungen zufrieden sind, und speichern Sie das GIF-Bild.

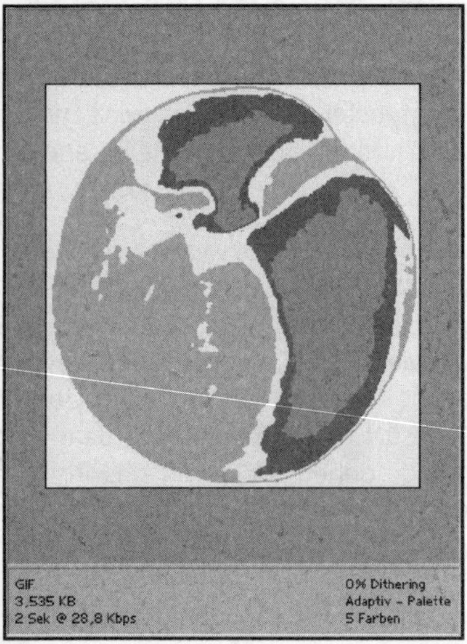

Das Ergebnis gleicht dem Photoshop-Effekt *Tontrennung*. Solche Grafiken können gut als Blickfang eingesetzt werden. Der Speicherbedarf von 3,5 KByte ist für eine Grafik dieser Größe bemerkenswert gering.

Effekte mit Farbangleichung kreieren

In diesem zweiten Beispiel wird eine Kombination verschiedener Methoden eingesetzt. Zunächst reduzieren Sie auch hier die Anzahl der Farben und fassen dann zwei Farbflächen zu einer zusammen. Anschließend wird mit Dithering die Grenzstruktur der Farbflächen aufgelöst.

1. Öffnen Sie eine Datei – in unserem Beispiel *Apfel.tif* – und wenden Sie auch auf dieses Bild den Effekt *Gaußscher Weichzeichner* an. Wählen Sie anschließend wieder *Für Web speichern* und weisen Sie dem Vorschaubild das Format GIF zu.

2. Verringern Sie die Farbanzahl auf 4. Stellen Sie den Dithering-Wert vorerst auf 0 %. Die hart abgegrenzten Farbflächen sind dadurch leichter zu bearbeiten. Der Apfel ist in drei Farbflächen aufgeteilt, die jedoch nicht harmonisch wirken. Bei einer weiteren automatischen Verringerung der Farbtiefe auf drei Farben werden die Farbflächen so zusammengefasst, dass der Apfel an Plastizität verliert. Um dies zu verhindern, werden vorhandene Farbflächen manuell zusammengefasst.

3. Doppelklicken Sie in der Farbpalette auf das erste der braunen Farbkästchen. Der Farbwähler wird geöffnet. Ändern Sie die Farbe, indem Sie einen Rot-Ton auswählen, und bestätigen Sie mit *OK*. Die Farbflächen des Apfels erscheinen etwas ungeordnet.

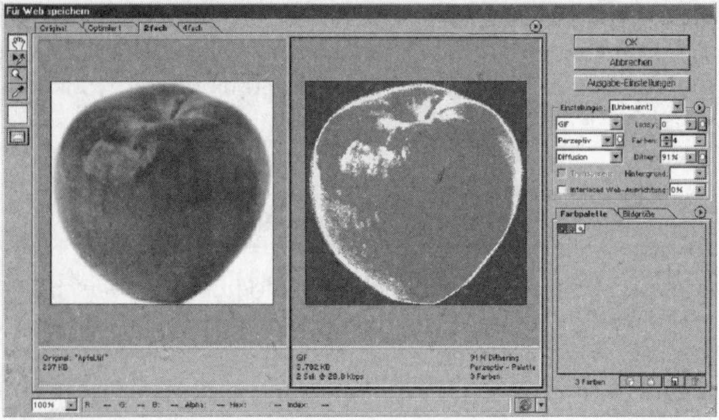

4. Wählen Sie nun das zweite braune Farbkästchen und weisen Sie ihm die gleiche rote Farbe zu. Dadurch verringert sich in der Farbpalette die Anzahl der Farben auf drei. Der zentrale Bereich des Apfels erscheint nun als eine gleichmäßige Farbfläche.

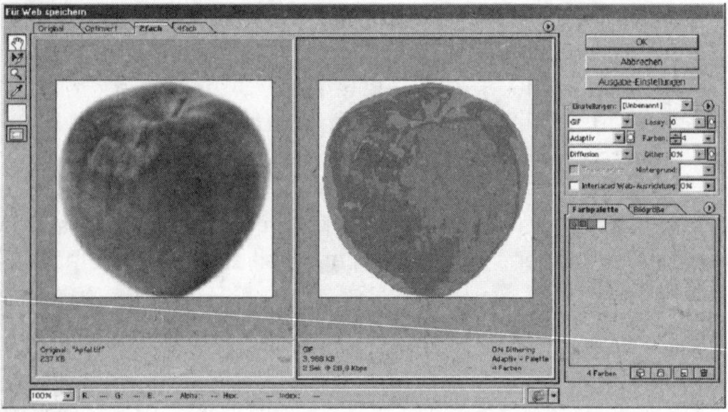

5. Anschließend wird der hellbraune Farbton durch Gelb ersetzt und der weiße Hintergrund durch Blau. Durch die glatten Flächen wirkt der Apfel jetzt zweidimensional.

6. Dieses kann hervorragend mit der Zugabe von Dithering aufgehoben werden. Geben Sie im Eingabefeld *Dithering* einen Wert von 100 % ein. Durch das Auflösen der Farbübergänge erscheint der Apfel trotz minimaler Farbmenge plastischer. Bei einer Grafik, die lediglich eine Dateigröße von 3,7 KByte hat, ein erstaunliches Ergebnis.

Die beiden Beispiele dienen als Anregung dafür, wie Sie die Optimierungsverfahren als kreatives Stilmittel nutzen können. Durch gezielte Farbreduzierung lassen sich filterähnliche Effekte erzeugen und gleichzeitig lässt sich viel Speicherplatz sparen.

Manche Lichtquellen verschleiern Farbunterschiede

Je nachdem, mit welcher Lichtquelle ein gedrucktes Bild beleuchtet wird, kann es sein, dass feine Farbunterschiede nicht zum Vorschein kommen. Wenn Sie vorher wissen, ob Ihre Ausdrucke hauptsächlich bei Tageslicht, Neonlicht oder eher dunklerem Glühlampenlicht beleuchtet werden, können Sie die Bildbearbeitung darauf anpassen. Testen Sie die unterschiedliche Wirkung im jeweiligen Licht.

Im oberen Streifen ist der Farbunterschied nicht sichtbar, dieser stellt eine Beleuchtung mit einer gelblichen Glühlampe dar. Beim unteren Beispiel, das das Tageslicht darstellt, treten die unterschiedlichen Tonwerte in Erscheinung.

5. Qualitätssicherung durch optimale Scanauflösung

Wenn es um die richtige Scanauflösung geht, taucht eine Vielzahl verwirrender Begriffe auf. Es ist von dpi, ppi und lpi die Rede, außerdem gibt es ganz unterschiedliche Empfehlungen für die optimale Auflösung. Dieses Kapitel bringt Licht in den Auflösungs-Dschungel.

Top 10 – Auflösung: Tipps & Tricks

Die Bildauflösung entscheidet über die Qualität des Bildes

Die Auflösung eines Bildes wird in dpi – **D**ots **p**er **I**nch, also Punkte pro Zoll – gemessen. Ein Inch entspricht 2,54 cm. Zunächst kann man als Grundregel sagen, dass die Qualität mit zunehmender Auflösung wächst. Dies hat aber seine Grenzen. Die Grenzen liegen im Zusammenspiel von menschlicher Wahrnehmung und Transportierbarkeit über das verwendete Material. Bei Farbfotos sind Unterschiede zwischen 400 und 600 dpi für den Menschen kaum wahrnehmbar.

400 dpi Bildauflösung – diese hohe Auflösung kann nur auf Kunstdruckpapier wiedergegeben werden. Im Vergleich zu 300 dpi ist ein Unterschied kaum erkennbar.

300 dpi – mit dieser Bildauflösung liegen Sie im Zweifelsfall bei den meisten Druckerzeugnissen richtig.

150 dpi sind für die meisten Druckverfahren und Papiersorten ausreichend.

72 dpi ist die Auflösung, die Sie für das Internet und alle anderen Präsentationen am Monitor einsetzen.

25,4 dpi – diese Auflösung dient hier nur zum Vergleich, sie ist in jedem Fall zu gering. Die einzelnen Bildpunkte sind mit bloßem Auge gut erkennbar. Diese Auflösung könnte lediglich als Effekt – etwa für Hintergrundbilder in Layouts – bewusst eingesetzt werden.

Quick Tipps Bilder nicht im Layout-Programm skalieren

Wenn möglich sollte man Bilder in der Größe speichern, in der sie auch im Layout-Programm benötigt wird. Je nach Art des Motivs fällt eine Skalierung im Layout-Programm negativ auf.

Dass das Vergrößern eines Bildes zu einem Qualitätsverlust führt, ist intuitiv klar, die Vergrößerung bewirkt eine Umverteilung der vorhandenen Bildpixel auf eine größere Strecke, somit ist die Auflösung pro Inch geringer. Beim Verkleinern geht man zunächst davon aus, dass dies kein Problem darstellt, dies ist leider doch der Fall.

Damit das Bild verkleinert werden kann, fallen an manchen Stellen Pixel heraus. Dies führt besonders bei regelmäßigen Strukturen und filigranen Mustern zu Problemen. Es kann z. B. zu unschönen Störungen in Form von Moirés kommen oder feine Linien können wegbrechen.

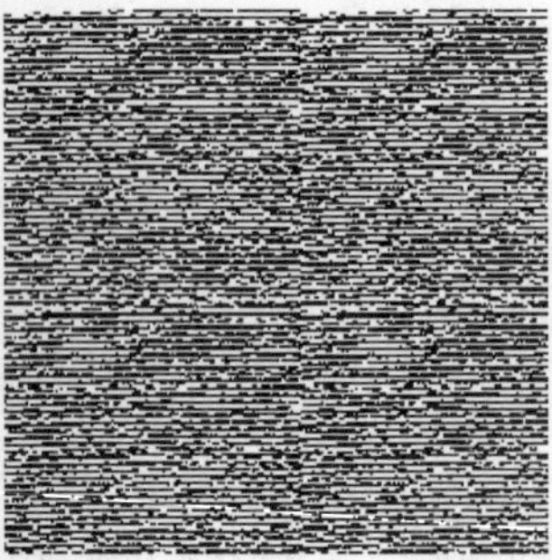

Diese Bilder wurden mit dem Strukturfilter *Leinwand* versehen. Das linke Bild wurde in der Originalgröße von 4 cm gedruckt, das rechte Bild hatte eine Breite von 10 cm und wurde im Layout-Programm auf 4 cm Breite skaliert.

Was unterscheidet ppi und dpi?

Die Abkürzungen ppi (**P**ixel **p**er **I**nch) und dpi (**D**ots **p**er **I**nch) beschreiben im Grunde das Gleiche, nämlich die Informationsdichte, gemessen in Pixeln auf einer Distanz von einem Zoll, also 2,54 cm. Je mehr Pixel auf dieser Distanz versammelt sind, desto höher ist die Auflösung und somit die Qualität. Einige Programme verwenden die Bezeichnung ppi, andere wiederum dpi. Im Grund wäre es korrekt, für die Scanner-Auflösung ppi zu verwenden, also Pixel pro Inch, und für die Druckerauflösung dpi – **D**ots (Druckerpunkte) **p**er **I**nch.

Quick Tipps Nach Größenänderung immer schärfen

Wann immer Sie Bilder vergrößern oder verkleinern, werden mittels Interpolation Pixel in das Bild eingerechnet bzw. gelöscht. Durch diese Aktion tritt immer eine leichte Weichzeichnung auf. Wenden Sie deshalb nach der Skalierung grundsätzlich einen leichten Schärfefilter an.

Sie sehen den Tank in Originalgröße mit idealer Schärfe. In den folgenden Bildern wird er verkleinert dargestellt.

Links wurde nach der Verkleinerung nicht geschärft, rechts wurde eine Unscharfmaskierung mit einer Stärke von 150 %, einem Radius von 1 Pixel und dem Schwellenwert 0 angewendet.

Scharfzeichnung wirkt stärker bei geringer Auflösung

Für die Einstellung von Schärfefiltern gibt es leider keine echten Faustregeln, weil die optimale Scharfzeichnung einerseits motivabhängig ist und andererseits von der Auflösung des Bildes abhängt. Je geringer die Auflösung ist, desto stärker wirkt sich die Scharfzeichnung aus.

Wenn Sie also ein Bild für die Publikation im Internet vorbereiten, verwenden Sie nur eine leichte Scharfzeichnung, da sich diese bei nur 72 dpi stark auswirkt.

Der Chevy ungeschärft – auf die folgenden Bilder wurde eine verhältnismäßig starke Unscharfmaskierung mit einer Stärke von 150 %, einem Radius von 3 Pixeln und einem Schwellenwert mit der Einstellung 0 angewendet.

Der linke Wagen wurde bei 72 dpi geschärft. Der Filter wirkt so stark, dass schon fast eine Strichumsetzung in Schwarz und Weiß erfolgt. Es sind nur noch wenige Graustufen erkennbar, das Bild wirkt überschärft. Der rechte Wagen wurde bei 300 dpi geschärft. Selbst eine so starke Scharfzeichnung führte nicht zu einer extremen Überschärfung.

Und wann brauche ich lpi?

Mit lpi wird die Rasterfrequenz – auch Rasterweite genannt – gemessen. Wenn Sie ein Bild in einer Tageszeitung betrachten, können Sie die einzelnen Rasterpunkte meist mit bloßem Auge erkennen. Dafür ist eine relativ niedrige Rasterfrequenz verantwortlich. Die Rasterfrequenz legen Sie in der Drucken-Dialogbox fest.

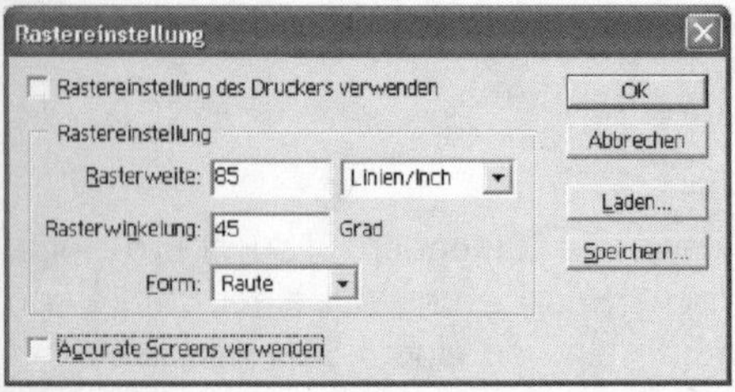

Die Möglichkeit, die Rasterweite zu verstellen, ist sehr druckerabhängig. Je nach Druckertreiber und Programm befindet sich diese Option an unterschiedlichen Stellen. Auf jeden Fall finden Sie sie in der Drucken-Dialogbox. Sie müssen sich eventuell durch alle Schaltflächen durchklicken, um sie zu finden.

Die Rasterweite in lpi entscheidet, wie hoch die Bildauflösung in dpi sein muss

Die Rasterweite, mit der ein Bild gedruckt wird, hängt stark vom Druckverfahren und von der Papierqualität ab. Grundsätzlich gilt: Je höher die Papierqualität und das Druckverfahren sind, desto feiner darf die Rasterweite sein – also der Abstand, mit dem der Drucker die Rasterpunkte aufs Papier bringt. Für den Zeitungsdruck wird meist ein relativ grobes Raster von 85 lpi verwendet. Die am häufigsten verwendete Rasterweite von 150 lpi begegnet Ihnen täglich in Broschüren, hochwertigen Büchern, auf CD-Covers. Der „High-End"-Bereich ist der Kunstdruck. Wenn z. B. Gemälde auf hochfeinem Papier gedruckt werden, wird eine Rasterweite von 200 lpi eingesetzt. Um nun die richtige Bildauflösung zu ermitteln, besagt die Faustregel, dass Sie die Rasterweite mit dem Faktor 2 multiplizieren müssen. Das bedeutet, dass Sie für einen Ausdruck mit 85 lpi eine Bildauflösung von 170 dpi benötigen. Möchten Sie Bilder im professionellen Offsetdruck mit 150 lpi drucken lassen, verwenden Sie eine Bildauflösung von 300 dpi.

Dieser Ferrari wurde mit einer Rasterweite von 85 lpi gedruckt.

Hier sehen Sie ein Raster mit einer Rasterweite von 150 lpi.

Übersicht über die wichtigsten Rasterweiten

Druckverfahren	**Linien pro Zentimeter (l/cm)**	**Lines per Inch (lpi)**
Zeitungsdruck	34	85
Hochwertige Zeitschriften	54	133
Hochwertige Bücher, Broschüren etc.	60	150
Kunstdruck	80	200

Achten Sie immer darauf, ob die Rasterweite in Linien pro Zentimeter oder pro Inch angegeben wurde.

Quick Tipps: Benötigte Bildauflösung nach Qualitätsfaktoren

Qualitätsfaktor	**Zeitungsdruck 85 lpi**	**Zeitschriften 133 lpi**	**Broschüren 150 lpi**	**Kunstdruck 200 lpi**
1,0 (minimal)	85 dpi	133 dpi	150 dpi	200 dpi
1,5 (mittel)	127 dpi	200 dpi	225 dpi	300 dpi
2 (optimal)	170 dpi	266 dpi	300 dpi	400 dpi

Die Rasterweite in lpi multipliziert mit dem gewünschten Qualitätsfaktor ergibt die benötigte Bildauflösung in dpi.

Warum nicht immer die maximale Rasterfrequenz?

Wie schon erwähnt, sind die Qualität des Druckers und des Papiers wichtig für die Ermittlung der richtigen Rasterweite. Das Problem liegt darin, dass weniger gutes Papier nicht so „punkthaltig" ist wie hochwertiges Papier. Punkthaltig bedeutet, dass der Rasterpunkt möglichst exakt auf dem Papier abgebildet wird, ohne zu verlaufen.

Wenn ein Papier stark saugfähig ist, kommt es zu „ausgefransten" Rasterpunkten. Hierbei entsteht das Problem, dass der technisch bedingte Tonwertzuwachs sehr stark ausfällt. Dunkle Bildbereiche laufen dann bei einer hohen Rasterfrequenz zu. Wo vorher noch Details erkennbar waren, sieht man dann nur noch eine schwarze Fläche.

Auch die Qualität des Druckers ist wichtig. Wenn Sie Bilder auf einem älteren Laserdrucker drucken, sollten Sie eine Rasterweite von 80 lpi nicht überschreiten. Ansonsten wird der Druck sehr dunkel und graue Balken im Layout werden fast schwarz.

Wofür ist der Rasterwinkel wichtig?

Das menschliche Auge in Zusammenarbeit mit dem Gehirn kann Linien mit verschiedenen Winkeln unterschiedlich gut erkennen. Diagonale Linien werden grundsätzlich schlechter erkannt als waagerechte.

Der Winkel, der vom Auge am schlechtesten erkannt wird, ist 45°. Da Schwarz die dunkelste Farbe ist, erhält Schwarz standardmäßig diesen Winkel.

Gelb ist als hellste Farbe am schlechtesten zu erkennen und erhält somit den Winkel 0°. Die beiden anderen Farben des CMYK-Systems – Cyan und Magenta – liegen mit Winkeln von 71,5° und 18,4° dazwischen.

Zusätzlich ist wichtig, dass die Winkel der einzelnen Farbkanäle möglichst weit voneinander entfernt sind, anderenfalls kann es zu einem Moiré-Effekt kommen.

In unserem Beispielbild haben alle Linien den gleichen Abstand zueinander. Die Linien sind auch gleich dick. Es ist faszinierend, wie die optische Täuschung der Drucktechnik zugute kommt.

Betrachten Sie die drei Quadrate mit etwas Abstand zum Buch – je größer der Abstand, desto mehr werden aus den Linien graue Flächen.

Beurteilen Sie, welche Linien Sie am deutlichsten erkennen können. Es sollte das linke Kästchen sein, da horizontale Linien von Menschen am besten erkannt werden.

Rasterwinkel in Ausnahmefällen umstellen

Die standardmäßigen Winkeleinstellungen, die Programme wie z. B. PageMaker vorgeben, sind in der Regel perfekt abgestimmt. Es gibt aber Ausnahmen, bei denen eine Umstellung des Winkels sinnvoll ist.

Ich habe mal ein CD-Cover drucken lassen, in dem hauptsächlich Gelb- und Brauntöne vorkamen. Schwarz war so gut wie gar nicht im Titelbild enthalten.

Leider habe ich die Standard-Rasterwinkel benutzt und somit den besten Winkel von 45° verschenkt. Dadurch, dass hauptsächlich Mischfarben aus Gelb und Magenta vorkamen und diese mit den Winkeln 0° und 18,4° gedruckt wurden, wirkte das Bild etwas pixelig.

Ebenfalls wichtig ist das Verstellen der Rasterwinkel, wenn Sie z. B. einen Briefbogen in nur einer Zusatzfarbe drucken lassen. Geben Sie dann der Sonderfarbe den Winkel 45°. Allerdings ist dies auch nur dann nötig, wenn eine Farbe aufgerastert vorkommt.

Wenn Sie die Farbe nur im Vollton verwenden, ohne helle Rasterflächen einzusetzen, kommt der Winkel nicht zum Tragen.

Nicht zu viel und nicht zu wenig

Die richtige Bildauflösung zu ermitteln ist wichtig, um die maximale Qualität aus den Bilddaten herauszuholen. Bei einer zu geringen Auflösung droht Detailverlust und Treppchenwirkung durch große Bildpixel.

Eine zu hohe Auflösung erzeugt ein Mehr an Datenmengen, die Festplatte und Druckgeschwindigkeit belasten. Wichtig hierbei zu wissen ist, dass eine Verdopplung der Auflösung nicht eine Verdopplung, sondern eine Vervierfachung der Datenmenge zur Folge hat.

Links sehen Sie ein Bild mit einer Auflösung von 4 dpi, rechts ein Bild mit 8 dpi. Durch die Verdopplung der Auflösung müssen viermal so viele Pixel beschrieben werden.

Scanauflösung versus Bildauflösung

Es kann sein, dass Sie eine Vorlage mit weit höherer Auflösung scannen müssen, als die spätere Bildauflösung sein muss. Dies kann z. B. der Fall sein, wenn Sie ein Moiré mit Datenreduktion entfernen möchten. In diesem Fall würden Sie eine Vorlage z. B. mit einer Scanauflösung von 600 dpi einscannen und dann in Photoshop auf die Bildauflösung 150 dpi herunterrechnen. Diese Aktion sollte das Moiré in den meisten Fällen entfernen.

Quick Tipps Optimale Auflösung ermitteln

Adobe hat in Photoshop einen Assistenten integriert, der Ihnen die optimale Auflösung für das jeweilige Medium einträgt. Sie geben ein, mit welcher Rasterweite Sie drucken möchten, und Photoshop rechnet die Auflösung aus.

Die exakte Rasterweite können Sie in Ihrer Druckerei erfragen. Faustregeln finden Sie in unserer Tabelle.

1. Legen Sie mit *Datei/Neu* eine leere Datei an. Diese Datei verwenden Sie lediglich als Datei zur Auflösungsermittlung, Sie können sie ohne das Speichern schließen.

2. Achten Sie darauf, dass in der Dialogbox die richtige Maßeinheit ausgewählt ist. Es passiert gern, dass man Inch statt cm auswählt und umgekehrt. Geben Sie dann Höhe und Breite ein. Die Auflösung und den Farbmodus können Sie an diesem Punkt noch ignorieren.

3. Bestätigen Sie die Dialogbox und wählen Sie *Bild/Bildgröße.* Aktivieren Sie die Kontrollkästchen *Proportionen erhalten* und *Bild neuberechnen.*

4. Oben rechts in der Dialogbox finden Sie die Schaltfläche *Auto*. Klicken Sie darauf.

5. Geben Sie in der folgenden Dialogbox die Rasterweite an, mit der Sie das Bild drucken werden. Achten Sie auch hier darauf, dass Sie die richtige Maßeinheit gewählt haben. Aktivieren Sie dann noch die Qualität, mit der Sie drucken möchten – *Entwurf*, *Mittel* oder *Hoch*.

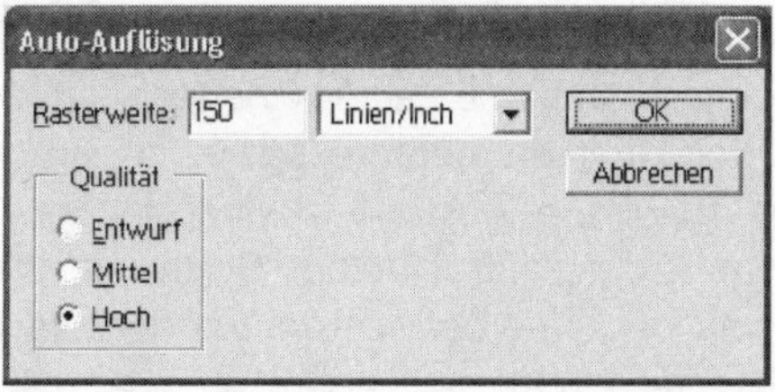

   Bei der Qualität *Hoch* arbeitet Photoshop mit dem Faktor 2 für die optimale Auflösung, dies ergibt bei einer Rasterweite von 150 lpi eine Bildauflösung von 300 dpi.

6. Nach der Bestätigung dieser Dialogbox trägt Photoshop die optimale Bildauflösung in das Feld *Auflösung* ein. Notieren Sie die Auflösung und schließen Sie die Dummy-Datei. Scannen Sie jetzt Ihr Bild mit dieser Auflösung ein.

Warum horizontal mehr Punkte?

Mittlerweile besitzen Farbtintenstrahldrucker enorme Auflösungen von z. B. 2.440 dpi. Es fällt bei den Angaben zur Druckerauflösung jedoch auf, dass die horizontale Auflösung bei manchen Druckern deutlich höher, manchmal doppelt so hoch ist. Dies liegt darin begründet, dass das menschliche Auge horizontale Linien deutlicher erkennen kann als senkrechte.

Warum braucht der Drucker eine so viel höhere Auflösung als das Bild?

Mittlerweile besitzen Farbtintenstrahldrucker enorme Auflösungen von z. B. 2.440 dpi. Als optimale Auflösung für Fotos werden aber nur 300 dpi empfohlen. Dieser Umstand wirkt zunächst verwirrend. Der Grund dafür ist, dass jeder Pixel eines Bildes im RGB-Modus eine von 16,7 Millionen Farben annehmen kann. Ihr Drucker muss diese Farbe dann aus einer Vielzahl von Druckerpunkten zusammenmischen. Um z. B. einen grauen Bildpunkt darzustellen, benötigt der Drucker mehrere schwarze Druckerpunkte, die mit einem gewissen Abstand zueinander gesetzt werden. Hierdurch entsteht der Eindruck eines Grautons. Wenn Sie den Ausdruck aber mit der Lupe betrachten, werden die kleinen schwarzen Punkte deutlich sichtbar.

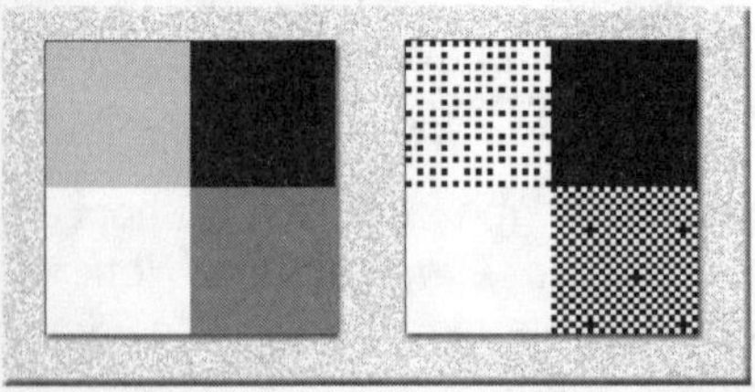

Das linke Bild repräsentiert verschiedenfarbige Monitorpixel. Rechts sehen Sie, wie der Drucker durch das Setzen kleiner, schwarzer Punkte die Graustufen simuliert.

Die Monitorauflösung in Gesamtpixeln ist wichtig

Monitore weisen eine Auflösung von 72 dpi auf. Allerdings variiert die Gesamtpixelanzahl durch die eingestellte Monitorauflösung. Wenn Sie ein Bild für eine Monitorauflösung von 1.024 × 768 Pixeln optimieren und ein Betrachter schaut sich das Bild auf einem Monitor mit einer Auflösung von 800 × 600 Pixeln an, erscheint das Bild größer. Dieser Umstand gehört zu den größten Problemen beim Webdesign.

Möglichst in der optimalen Scanner-Auflösung scannen

Wenn bei der Berechnung der optimalen Auflösung krumme Werte herauskommen, ist es sinnvoller, mit der optimalen Scanner-Auflösung zu scannen und das Bild in Photoshop auf die gewünschte Größe zu bringen. Werden nicht alle CCD-Zellen benötigt, weil die Scanauflösung geringer ist als die optische Auflösung des Scanners, verhalten sich verschiedene Scanner-Modelle unterschiedlich. Ein Qualitätsverlust tritt dann auf, wenn der Scanner nicht benötigte Sensoren abschaltet. Verfügt der Scanner über eine optische Auflösung von 600 dpi und Sie scannen in einer Auflösung von 300 dpi, wird nur jeder zweite CCD-Sensor eingesetzt. Hierbei werden winzige Details womöglich gar nicht registriert. Wenn Sie aber mit der optischen Auflösung von 600 dpi scannen, werden zunächst mehr Informationen aufgenommen. Wenn Sie die Auflösung dann in Photoshop verringern, werden Zwischenstufen der einzelnen Pixel errechnet, sodass diese kleinen Informationen Spuren in den Nachbarpixeln hinterlassen und nicht völlig verloren sind.

Quick Tipps Den Scanner nicht interpolieren lassen

Für Scanner kursieren zwei grundverschiedene Auflösungen, deren Bedeutung sehr wichtig ist: die optische oder Geräteauflösung und die maximale oder interpolierte Auflösung. Orientieren Sie sich unbedingt an der optischen Auflösung, wenn Sie einen

Scanner kaufen möchten. Besonders günstige Scanner-Modelle werden häufig mit riesigen Auflösungsangaben beworben, um eine höhere Qualität vorzutäuschen. Leider ist dies gar nicht der Fall. Das, was der Scanner beim Interpolieren macht, kann Photoshop in der Regel besser. Bei der Interpolation werden einfach Zwischenpixel dem Bild hinzugerechnet. Sie erreichen exakt das Gleiche, wenn Sie in der Dialogbox *Bildgröße* eine höhere Auflösung eingeben und das Kontrollkästchen *Bild neuberechnen mit: Bikubisch* anklicken.

Quick Tipps Scharfes auch groß: die optimale Bildauflösung für Vergrößerungen ermitteln

Stellen Sie sich vor, Sie möchten eine Vorlage scannen, die eine Originalgröße von 9 × 6 cm aufweist. Diese Vorlage möchten Sie auf eine Zielbreite von 15 cm vergrößern, wobei die Zieldatei eine Auflösung von 300 dpi aufweisen soll. Wie an anderer Stelle erwähnt, ist es wichtig, den Scanner daran zu hindern, dass er interpoliert. Wir ermitteln daher die benötigte Scanauflösung und führen die Vergrößerung anschließend in Photoshop durch.

1. Wählen Sie *Datei/Neu*. Geben Sie als Maße die Zielbreite, also 15 cm ein. Die Höhe ist an dieser Stelle nicht wichtig, da ein Wert zum Ermitteln der nötigen Auflösung genügt. Geben Sie auch die Zielauflösung von 300 dpi ein. Die anderen Werte sind nicht wichtig. Sie benutzen diese Datei auch nur als Berechnungs-Dummy und können sie später wieder schließen.

2. Nach dem Bestätigen der Dialogbox wählen Sie *Bild/Bildgröße*. Schalten Sie hier als Erstes das Kontrollkästchen *Bild neuberechnen mit* aus. Durch diese Aktion werden die vorhandenen Bildpixel gleich nur anders verteilt, die Gesamtpixelanzahl bleibt gleich.

3. Geben Sie jetzt die Breite Ihres Originals ein, also in diesem Fall 9 cm. Betrachten Sie das Feld *Auflösung*. Da die Gesamtpixelzahl bei dieser Aktion nicht geändert wird, ist Photoshop gezwungen, mehr Punkte auf einem Inch zu verteilen. Hierdurch ergibt sich die Scanauflösung von 500 Pixeln.

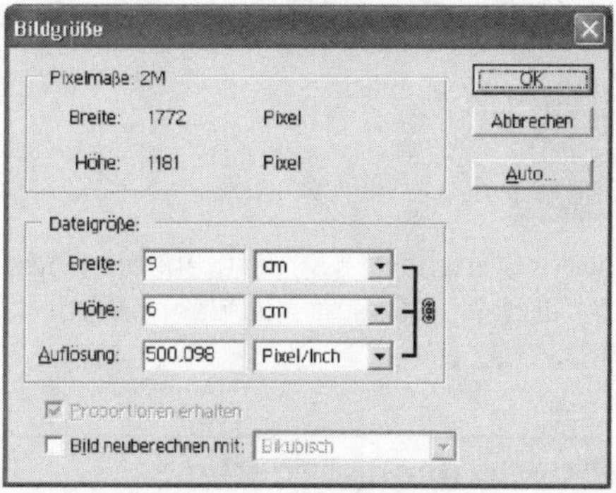

Leichtes Spiel: Bildschirm-Auflösung

Glücklicherweise entfällt beim Screendesign das Berechnen der richtigen Auflösung. Die Standardauflösung von Monitoren liegt bei 72 dpi. Jedes Bild, das Sie in Multimedia-Präsentationen oder im Internet veröffentlichen, muss mit 72 dpi aufgelöst werden. Wenn Sie solch ein Bild in Photoshop betrachten, achten Sie darauf, dass in der Titelleiste Ihres Bildes der Zoomfaktor 100 % angezeigt wird. Dadurch wissen Sie, dass das Bild in dieser Größe angezeigt wird. Wählen Sie in Photoshop *Ansicht/Tatsächliche Pixel* oder den Befehl [Alt]+[Strg]+[0], um das Bild in 100 % anzeigen zu lassen.

Auch zum Beurteilen von Bildschärfe, Strukturen oder Moirés sollte der Faktor 100 % angewählt sein. Nur dann werden alle Bildpixel 1:1 dargestellt.

Je diffuser das Bild, desto geringer darf die Auflösung sein

Wenn Sie diffuse Bilder wie z. B. Texturen scannen, ist eine hohe Auflösung nicht so wichtig wie bei kontrastreichen Motiven. Empfehlungen besagen, dass bei Strukturen eine Auflösung von 150 dpi ausreichend ist, realistische Fotografien benötigen eine Auflösung von 300 dpi und harte Kontraste, wie sie in Strichzeichnungen und in Schrift vorkommen, sollten mit mindestens 400 bis 800 dpi gescannt werden.

150 dpi:

250 dpi:

400 dpi:

800 dpi:

Betrachten Sie die einzelnen Motive. Für das Foto ist eine Auflösung von 250 bis 400 dpi optimal. Schrift und Zeichnungen benötigen höhere Auflösungen von mindestens 400 dpi. Die Struktur kommt mit einer Auflösung von 150 bis 250 dpi fabelhaft aus.

Farbe für den Tintenstrahler

Wie die meisten anderen Farb-Drucksysteme bauen Tintenstrahldrucker Bilder aus dem CMYK-System auf. Es ist allerdings nicht zwingend nötig, Bilder in den CMYK-Modus umzuwandeln. Die allermeisten Farbtintenstrahler können Bilder aus dem RGB-System verwalten und die Farbwerte in CMYK umsetzen. Dies sollte keine Verschlechterung der Druckqualität bewirken. Testen Sie im Zweifelsfall, das gleiche Bild einmal mit eingestelltem RGB- und einmal mit gewähltem CMYK-Modus zu drucken. Vergleichen Sie die Druckqualität. Da Sie im RGB-Modus nur drei Farbkanäle statt vier im CMYK-Modus verwalten müssen, sparen Sie enorme Datenmengen.

Alles bleibt bunt – das Farbsystem für den Offsetdruck

Wenn Sie Bilder für den professionellen Offsetdruck vorbereiten, sollten Sie auf jeden Fall in den CMYK-Modus wechseln. Im CMYK-System sind nicht alle Farben des RGB-Systems darstellbar. Besonders hochreine Farben in den Rot-, Grün- und Blaubereichen fallen bei der Umwandlung in CMYK weg.

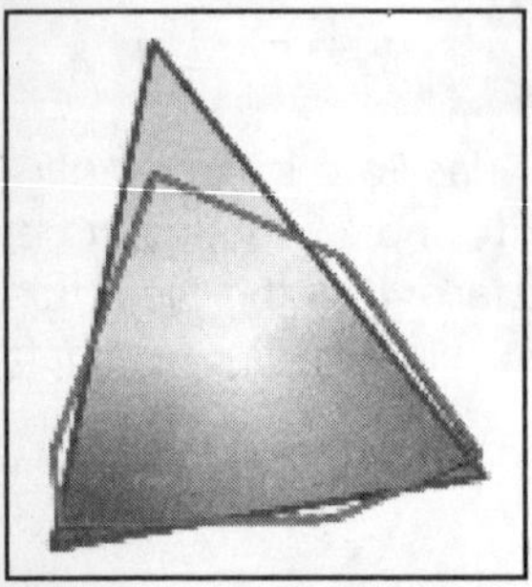

Das Dreieck stellt den RGB-Modus dar, das sechseckige Polygon repräsentiert den CMYK-Modus. Da die Systeme nicht deckungsgleich sind, kommt es bei der Umwandlung zu Farbverschiebungen.

Nie mehr Falschfarben – die richtige Farbe fürs Internet

Die Farbdarstellung variiert zwischen Computersystemen deutlich. Dadurch kann es passieren, dass Farben, die auf Ihrem PC-Bildschirm einwandfrei aussehen z. B. auf einem Macintosh-System völlig falsch dargestellt werden. Für dieses Problem gibt es glücklicherweise eine Lösung. Um sicherzustellen, dass jede der von Ihnen gewählten Farben im Web gleich dargestellt wird, wurde ein Standardschema entwickelt. Hierbei wurde festgelegt, dass jeder Rot-, Grün- und Blauwert einer Farbe durch die Zahl 51 teilbar sein muss. Dadurch stehen Ihnen sechs Werte (0, 51, 102, 153, 204 und 255) pro Farbkanal zur Verfügung. Dies ergibt 6 × 6 × 6, also 216 mögliche Farben. Dieses Schema wird von sämtlichen Systemen und Browsern korrekt dargestellt.

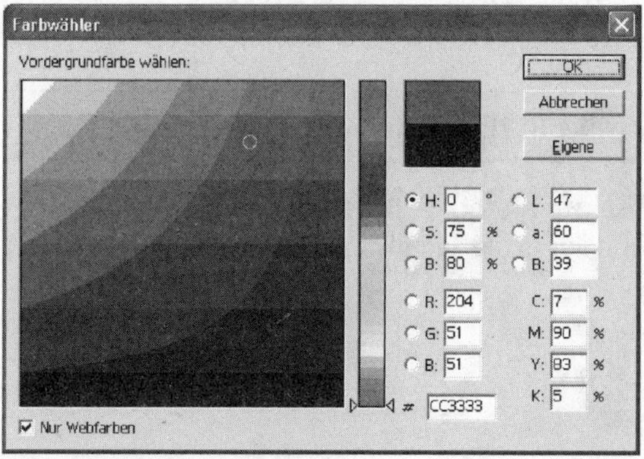

Im Farbwähler von Photoshop können Sie das Kontrollkästchen *Nur Webfarben* aktivieren. Daraufhin zeigt der Farbwähler nur Farben an, die im Internet auf allen Systemen gleich dargestellt werden. Beachten Sie die RGB-Werte. Jeder einzelne Wert ist durch 51 teilbar.

Linien pro Inch oder pro Zentimeter?

Verwirrend ist mitunter, dass Auflösungen pro Zentimeter und pro Inch, also pro Zoll kursieren. In der Computer-Publishing-Welt spricht man fast uneingeschränkt von Linien pro Inch.

In der Druckwelt verwendet man hingegen häufig die Einheit Linien pro Zentimeter. Wenn Druckfachleute von einem 60er Raster sprechen, meinen sie die Einheit pro Zentimeter. 60 Linien pro Zentimeter entsprechen 147 Linien pro Inch.

Ein Inch entspricht 2,54 cm. Wenn Sie von einer Tageszeitung die Angabe bekommen, dass Ihre Anzeige mit einem 40er Raster gedruckt wird, müssen Sie diesen Wert mit 2,54 multiplizieren, um herauszufinden, wie hoch die Rasterweite in Linien pro Inch ist – in diesem Fall 100 lpi.

Quick Tipps Bilder direkt in die E-Mail einfügen

Dies ist die praktischste Methode, Bilder zu versenden. Allerdings gilt dies eher für Bilder, die lediglich am Computer betrachtet werden.

Speichern Sie das entsprechende Bild mit einer Auflösung von 72 dpi und achten Sie auf die Breite des Bildes. Wenn Sie wissen, mit welcher Monitor-Auflösung der Empfänger arbeitet, verwendet Sie diese als maximale Pixelmaße.

Sicherer ist es, etwas unter dieser Gesamtpixelzahl zu bleiben, da Pixel für das E-Mail-Formular benötigt werden und somit dem Bild nicht zur Verfügung stehen.

Wenn Sie Bilder einfügen, die deutlich größer sind als die Gesamtpixelzahl des Empfänger-Monitors, erhält der Empfänger einen Rollbalken, mit dem er scrollen muss, um alle Teile des Bildes betrachten zu können. Dies ist hinderlich, wenn die Gesamtwirkung des Bildes wichtig ist.

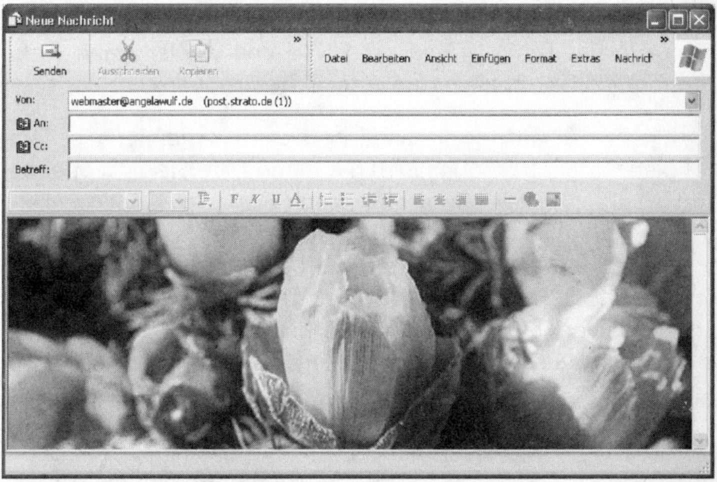

Bei einer Monitorauflösung von 1.024 × 768 Pixeln z. B. hat das Standard-E-Mail-Formular von Outlook Express eine Größe von 740 × 237 Pixeln.

Wenn Sie verhindern möchten, dass der Empfänger scrollen muss, um das gesamte Bild zu sehen, müssen Sie unter dieser Größe bleiben.

1. Bringen Sie das Bild auf die gewünschte Größe, indem Sie es in Photoshop aufrufen, *Bild/Bildgröße* wählen und unter Verwendung der Interpolationsmethode *Bikubisch* die gewünschte Größe und eine Auflösung von 72 dpi eingeben.

2. Wählen Sie *Datei/Speichern unter*. Damit die Übertragungsgeschwindigkeit der E-Mail möglichst hoch ist, speichern Sie das Bild als JPG. Sie sollten allerdings eine hohe Qualität einstellen, damit keine Detailverluste entstehen. Achten Sie darauf, wo Sie das Bild gespeichert haben.

3. Starten Sie Ihr E-Mail-Programm. In Outlook Express klicken Sie in das Formular-Feld der E-Mail und wählen dann *Einfügen/Bild.* Sie erhalten eine zusätzliche Dialogbox

4. Klicken Sie auf die Schaltfläche *Durchsuchen.* Jetzt bekommen Sie die Dialogbox *Bild,* mit deren Hilfe Sie zum Speicherort Ihres Bildes navigieren. Wenn Sie es gefunden haben, markieren Sie es mit der Maus und klicken auf *Öffnen.* Achtung: Standardmäßig ist im Feld *Dateityp* der Dialogbox nur GIF und JPEG ausgewählt. Möchten Sie eine andere Datei auswählen, müssen Sie hier erst den Eintrag *Alle Dateien* selektieren. Bestätigen Sie alle Dialogboxen.

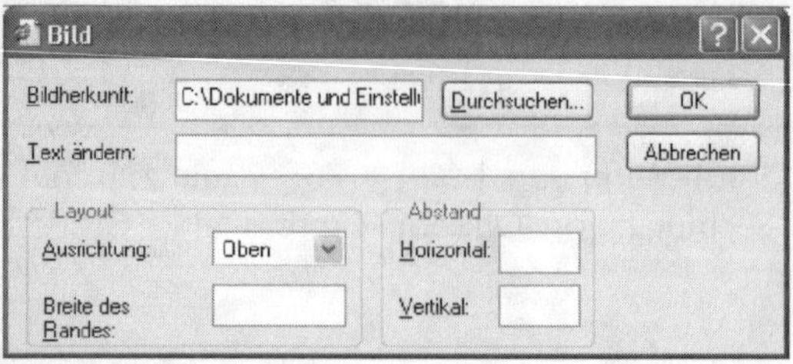

5. Das Bild wird in Ihr E-Mail-Formular eingefügt, Sie müssen nur noch Adresse und Betreff ausfüllen, schon können Sie auf *Senden* klicken.

Größe des Mail-Formulars mit Photoshop ausmessen

Im vorigen Beispiel steht beschrieben, dass das Standard-Mail-Fenster von Outlook Express bei einer Bildschirmauflösung von 1.024 × 768 eine Größe von 740 × 237 hat.

Wenn Sie herausfinden möchten, wie groß Ihr Mail-Formular ist, benötigen Sie dazu nur wenige Schritte.

1. Rufen Sie ein Mail-Formular auf und bringen Sie es auf die gewünschte Größe. In diesem Beispiel soll herausgefunden werden, wie groß das Bild sein darf, wenn man das Mail-Formular durch einen Klick auf das Symbol *Maximieren* auf die volle Bildschirmgröße bringt. *Maximieren* ist das mittlere der drei Symbole in der rechten oberen E-Mail-Ecke.
2. Drücken Sie jetzt auf [Druck] auf Ihrer Tastatur. Dies sollte die dritte Taste von oben rechts sein. Der Inhalt Ihres Bildschirms wird in die Zwischenablage befördert.
3. Wechseln Sie zu Photoshop und wählen Sie *Datei/Neu.* Die Maße werden automatisch dem Zwischenablage-Inhalt angepasst. Klicken Sie auf *OK.*
4. Mit dem Befehl *Bearbeiten/Einfügen* bringen Sie den Screenshot in die neue Datei.
5. An dieser Stelle benötigen Sie die Palette *Info*. Rufen Sie sie mit *Fenster/Informationen einblenden* auf.

6. Klicken Sie auf das kleine schwarze Dreieck oben rechts an der Palette und öffnen Sie somit das Paletten-Menü. Wählen Sie daraus den Eintrag *Paletten-Optionen* und stellen Sie die Maßeinheit auf *Pixel.* Bestätigen Sie die Dialogbox.

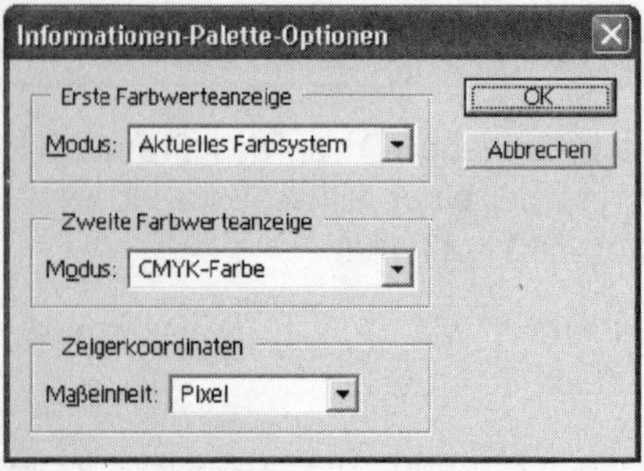

7. Aktivieren Sie das Auswahlrechteck. Es befindet sich an erster Stelle oben links in der Werkzeug-Palette. Eventuell versteckt es sich unter den Werkzeugen *Auswahlellipse, Einzelne Zeile* oder *Einzelne Spalte,* da diese vier Werkzeuge sich den Platz teilen.

8. Klicken Sie jetzt mit dem Auswahlrechteck an der oberen linken Ecke des Formular-Fensters und ziehen Sie bei gehaltener Maustaste bis unten rechts. Markieren Sie so genau den Bereich, in dem später das Bild erscheinen soll.

9. Lesen Sie jetzt in der *Info*-Palette die Größe der Markierung in Pixeln ab. Diese Größe darf Ihr Bild haben, wenn es genau in die E-Mail passen soll. In der Regel sollte man sicherheitshalber noch ein paar Pixel für die Ränder abziehen.

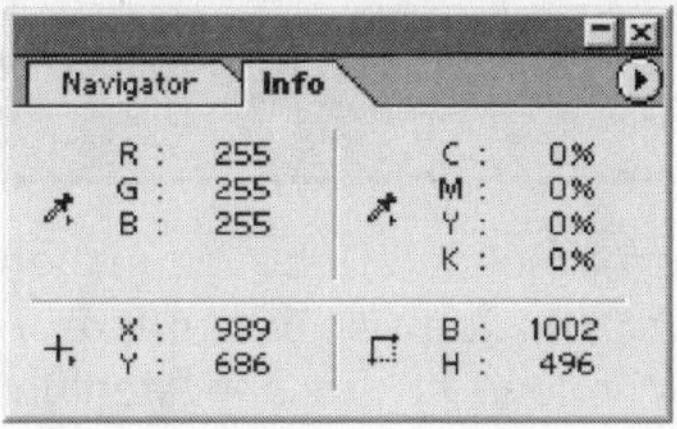

Größe des Mail-Formulars mithilfe des Freistellungswerkzeugs ermitteln

Um das Ergebnis des vorigen Tipps zu erhalten, können Sie auch das E-Mail-Feld mit dem Freistellungswerkzeug ausschneiden und anschließend die Maße über *Bild/Bildgröße* kontrollieren.

Bilder gehen um die Welt – Scans als Dateianlage verschicken

Bilder können nicht nur direkt in das Textfeld der E-Mail eingefügt, sondern als Anlage versandt werden. Dies funktioniert übrigens genauso mit jeder anderen Art von Datei.

Wenn Sie mit Outlook Express arbeiten, öffnen Sie ein neues E-Mail-Formular und füllen es aus. Wählen Sie dann den Menübefehl *Einfügen/Dateianlage.* Anschließend erhalten Sie eine Dialogbox zum Suchen der Datei.

Wählen Sie die Datei aus und klicken Sie auf *Einfügen.* Anschließend klicken Sie auf *Senden.* Ihr Empfänger muss das Bild mit *Datei/Anlagen speichern* herunterladen und kann es dann beliebig bearbeiten und verwenden.

Bilder aus dem Explorer mit WinZip packen und per Mail versenden

Diese Funktion gehört zu meinen absoluten Lieblingsfunktionen. Wenn Sie eine der neueren Versionen von WinZip auf Ihrer Festplatte installiert haben und mit Windows XP arbeiten, steht Ihnen *Zip und E-Mail* zur Verfügung.

1. Starten Sie den Windows-Explorer. Markieren Sie die Datei, die Sie packen möchten. Dies funktioniert nämlich nicht nur bei Bildern.

2. Wenn Sie mehrere Dateien markieren möchten, fügen Sie diese durch Mausklicks bei gehaltener Umschalt- oder Strg-Taste hinzu. Umschalt markiert in einer Reihe, Strg markiert Dateien in freier Reihenfolge.

3. Klicken Sie mit der rechten Maustaste auf eine der markierten Dateien. Es öffnet sich das Kontextmenü. Wählen Sie hieraus den Eintrag *Zip und E-Mail*.

4. Ihre Daten werden komprimiert und direkt als Anlage in ein E-Mail-Formular eingefügt. Sie müssen nur noch den Empfänger eintragen und los geht's mit der Schaltfläche *Senden* ;-)

Unbekannte Zielgröße?

Es kommt vor, dass man eine Vorlage einscannen muss, sich aber über die Ausgabegröße noch nicht sicher ist. Wenn Sie noch nicht wissen, in welcher Ausgabegröße das Bild gedruckt bzw. am Monitor publiziert wird, überlegen Sie, welchen Platz es maximal einnehmen könnte, und scannen Sie in der maximalen Auflösung. Dies „verschwendet" zwar Speicherplatz auf Ihrer Festplatte, ist aber das kleinere Übel, wenn das Bild später großformatig wiedergegeben werden soll. Dies gilt besonders, wenn Sie später keinen Zugriff mehr auf die Vorlage haben, denn Vergrößerungen von Pixelbildern, die über 130 % hinausgehen, führen in der Regel zu deutlichem Qualitätsverlust.

Optimale Auflösung gemischter Vorlagen

Manchmal erhält man Vorlagen, die aus einer Collage von Fotos, Strichzeichnungen und Text bestehen. Da bei diesen „Mischvorlagen" unterschiedliche Auflösungen gefragt sind, scannen Sie die Einzelteile mit der jeweils optimalen Auflösung und montieren diese später in einem Layout-Programm wie QuarkXPress oder PageMaker oder in einem Textverarbeitungsprogramm wie Word zusammen.

Quick Tipps Bessere Vergrößerung mit S-Spline

Im Internet finden Sie ein nettes Programm, das nahezu verlustfreie Vergrößerung verspricht. Sein Name ist S-Spline und Sie können es unter der Adresse *www.softline.de* sowohl für Macintosh als auch für PCs erwerben. Hier erhalten Sie auch eine kostenlose Trial-Version. Diese ist allerdings nicht in der Lage zu speichern. Wenn Sie S-Spline getestet haben und die Vollversion erwerben möchten, müssen Sie dafür ca. 70 Euro einkalkulieren. Die Qualität der mit S-Spline vergrößerten Bilder hängt stark vom Motiv ab. Bilder mit vielen Kanten wirken besser als solche, in denen viele Details vorhanden sind.

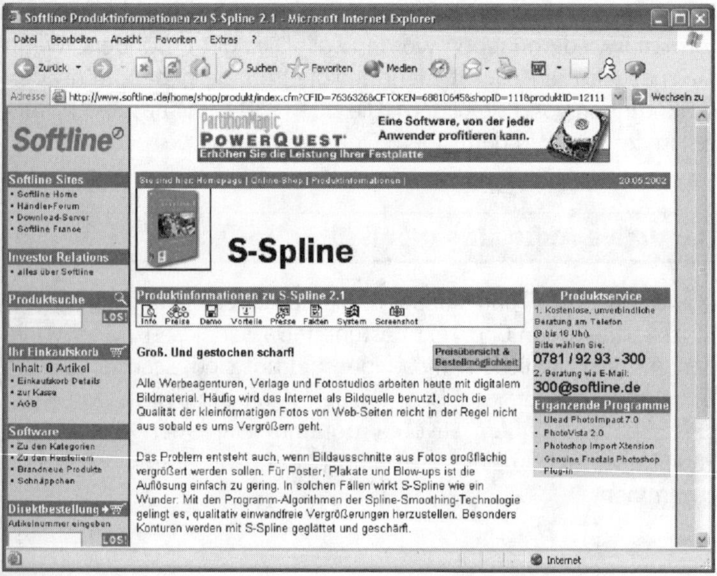

6. OCR – Kniffe für die Texterkennung

Texterkennungsprogramme müssen immer noch mit Vorurteilen kämpfen, denn noch vor wenigen Jahren waren die Ergebnisse der Textumwandlung kaum zufrieden stellend. In diesem Kapitel erfahren Sie, wie Sie mit ein paar Tricks das Optimale aus Ihrer Scansoftware herausholen.

Top 10 – Texterkennung: Tipps & Tricks

Texterkennung nur mit spezieller Software

Wenn Sie gedruckten Text mit einem herkömmlichen Scanprogramm einscannen, behandelt dieses den Text genau wie ein Bild. Es wandelt die Informationen in Pixel um. Sie können dieses Bild zwar speichern und drucken, aber Sie können den Text nicht bearbeiten. Wenn Sie den Text z. B. in Word verändern möchten, ist es nötig, eine Texterkennungssoftware einzusetzen.

Dieses Paket ist wirklich ein gutes Angebot.

Keine Kantenglättung bei kleinen Schriftgrößen

Als Antialiasing wird die Kantenglättung bezeichnet, mit der Bildbearbeitungsprogramme wie Photoshop Texte glätten, um den störenden Treppcheneffekt zu kaschieren. Wichtig für die Arbeit mit dem Internet: Wenn Sie z. B. für Navigationsleisten sehr kleine Schriftgrößen verwenden, sollten Sie das Antialiasing eventuell ausschalten. Durch die geringe Auflösung von 72 dpi wirkt die Kantenglättung bei kleinen Schriftgraden so stark, dass der Text fast nicht mehr lesbar ist. Photoshop bietet übrigens vier verschiedene Methoden zur Kantenglättung an. Sie stellen die Kantenglättung in der Palette der Werkzeug-Optionen ein.

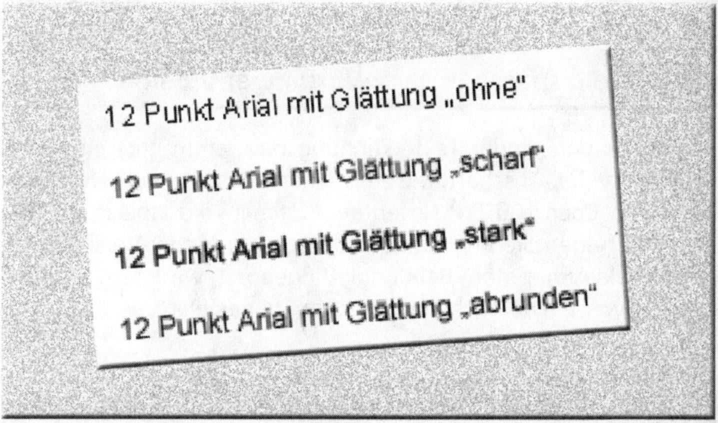

In der Vergrößerung wird deutlich, was durch Kantenglättung bei geringer Auflösung von 72 dpi passiert. Bei kleinen Schriftgraden verwenden Sie unbedingt das oberste Beispiel ohne Kantenglättung, bei den anderen Methoden wird die Schrift zu sehr weichgezeichnet.

Quick Tipps: Beim Kauf von OCR-Software auf Erkennungsfaktor achten

Es ist besonders wichtig, dass Ihr Texterkennungsprogramm eine Genauigkeit von über 99 % aufweist. 99 % klingt sehr hoch, bedeutet aber in der Praxis, dass jeder 100. Buchstabe falsch erkannt wurde und somit korrigiert werden muss. Die Textzeile einer Tageszeitung weist in der Regel ca. 60 Zeichen auf. 99%ige Erkennung bedeutet somit, dass in fast jeder Zeile ein Fehler auftaucht. Bedenken Sie also, dass Sie die Korrekturzeit mit einberechnen müssen. Bei kürzeren Texten sind Sie womöglich mit der Erfassung über die Tastatur schneller.

Quick Tipps: Geld sparen mit der Vorgänger-Version

Für Anwender, die ihr Texterkennungsprogramm nur selten einsetzen, ist der Anschaffungspreis einer hochwertigen OCR-Software von über 100 Euro eventuell durchaus kostspielig. In diesem Fall fragen Sie im Fachhandel nach Vorgänger-Versionen oder Bundle-Angeboten. Bei Bundle-Angeboten wird dem Scanner beispielsweise eine hochwertige Software beigelegt.

Vollversionen auf Zeitschriften-CD-ROMs

Wenn Sie schon vor dem Kauf einer OCR-Software sicher sind, dass Sie diese nicht häufig einsetzen, warten Sie eventuell, bis wieder eine interessante OCR-Vollversion einer Zeitschriften-CD-ROM beiliegt. Das Programm FineReader Sprint aus dem Hause Abbyy z. B. ist sehr leistungsfähig und gut bedienbar.

Möglichst hoher Kontrast zwischen Papier und Text

Umweltschutzpapier ist im Büroalltag eine kostengünstige und umweltschonende Alternative. Verwenden Sie es allerdings nicht, wenn Sie wissen, dass Sie den Ausdruck per OCR einlesen. Wenn Sie die Wahl haben, auf welchem Papier Sie drucken, verwenden Sie weißes Kopierpapier. Die Farbe von Tinte bzw. Toner sollte Schwarz sein, so erzielen Sie den größtmöglichen Kontrast.

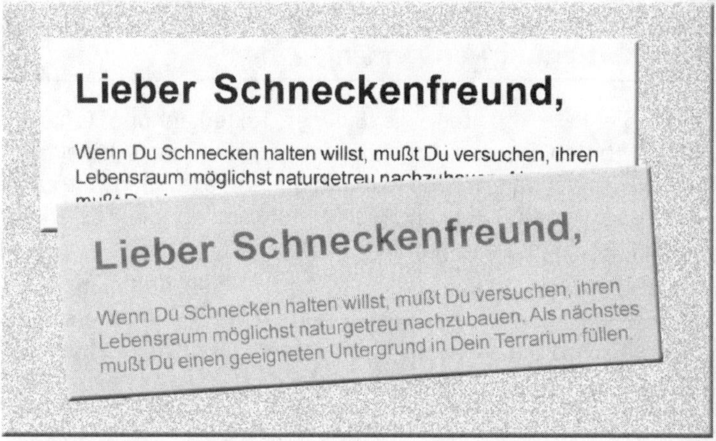

Besonders bei Textscans auf gerade Ausrichtung achten

Dieser Tipp wird ebenfalls in Kapitel 8 zur Bildbearbeitung genannt, doch bei Textscans ist es noch wichtiger, die Vorlage so gerade wie möglich in den Scanner zu legen.

Weniger ist mehr bei Scanproblemen – Textblöcke separat scannen

Wenn Sie komplexe Dokumente per OCR einlesen möchten, kann es sinnvoll sein, diese zu teilen und die Scans der einzelnen Bereiche nacheinander durchzuführen. Komplizierte Formatierungen und zahlreiche Grafiken erschweren bisweilen den Scanvorgang, sodass eine Aufteilung sehr hilfreich sein kann.

Faxerkennung: Immer den feinsten Modus für die Faxübertragung verwenden

Wenn Sie Faxe erhalten, die Sie per Texterkennung erfassen müssen, bitten Sie den Absender immer, die feinste Faxeinstellung zu verwenden. In der Regel kommen Faxe dann mit einer Auflösung von 200 dpi an. Hierbei funktioniert die Texterkennung in der Regel einwandfrei.

Quick Tipps Computerfaxe als Bildseite speichern und in OmniPage laden

Wenn Sie über Modem bzw. ISDN verfügen, können Sie Faxe z. B. mit FRITZ!fax oder der Windows XP-Faxkonsole direkt auf dem Computer empfangen. Diese Faxe können dann als Bild gespeichert und mit Ihrer OCR-Software eingelesen werden.

1. In der neusten Version ist das Journal in die Programmoberfläche integriert. Markieren Sie das Fax, das Sie speichern möchten, mit einem Mausklick.

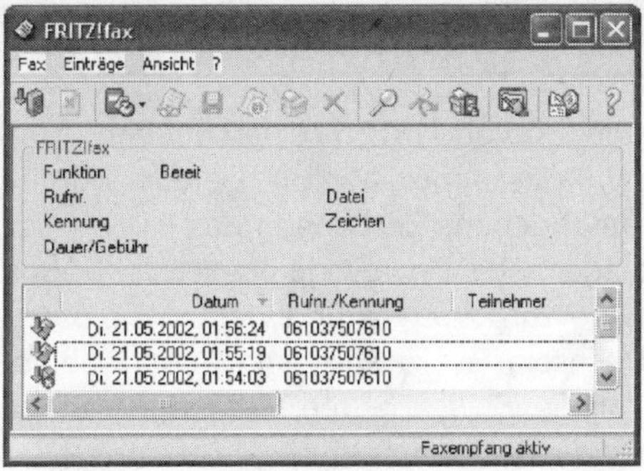

2. Wählen Sie aus dem Menü *Einträge* den Befehl *Fax speichern.*

3. Sie können in der darauf folgenden Dialogbox zwei verschiedene Dateiformate auswählen. Speichern Sie das Fax als PCX-Datei. Diese kann von den meisten OCR-Softwares problemlos geladen werden. Eventuell möchten Sie aber noch in Photoshop Korrekturen vornehmen.

4. Wechseln Sie zu Photoshop und öffnen Sie die PCX-Datei. Hier können Sie das Bild noch zurechtschneiden und bearbeiten.

Faxe in Photoshop bearbeiten

Achtung: Faxe kommen beim Öffnen in Photoshop im Bitmap-Modus in Photoshop an. Wenn Sie es z. B. noch drehen möchten, müssen Sie vorher mit *Bild/Modus* in den Graustufenmodus wechseln.

Speichern von Faxen über die Zwischenablage

Das Vorgehen wird anhand von FRITZ!fax beschrieben, funktioniert aber bei anderen Programmen ähnlich. Gerade wurde das Speichern der Datei beschrieben, Sie können das Fax aber auch über die Zwischenablage nach Photoshop kopieren. Doppelklicken Sie dazu auf das gewünschte Fax und wählen Sie dann *Bearbeiten/Kopieren.* Wechseln Sie zu Photoshop und wählen Sie *Datei/Neu* und anschließend *Bearbeiten/Einfügen.* Auf diese Weise landet das Fax im Graustufenmodus in Photoshop.

Quick Tipps Silbentrennung ausschalten

Wenn Sie Faxe für die OCR-Erkennung erhalten, die der Sender ausdruckt, bitten Sie ihn nach Möglichkeit, die Silbentrennung auszuschalten. Dies ist zwar nur eine kleine Fehlerquelle, doch der Handgriff lohnt sich.

Quick Tipps Screenshots in Text umwandeln

Manchmal hat man keinen Drucker zur Verfügung oder ein Dokument ist für den Druck gesperrt. Wenn Sie einen Text partout nicht ausdrucken können, helfen Sie sich doch mit einem Screenshot – also einem Bild, das den Bildschirm einfängt. Dieses Bild kann man dann mit Photoshop zurechtschneiden und per OCR einlesen.

1. Rufen Sie die Seite auf, die Sie einfangen möchten, und drücken Sie die Taste [Druck].

2. Hiermit wird alles, was auf Ihrem Bildschirm dargestellt ist, in den Zwischenspeicher Ihres Computers befördert.

3. Wechseln Sie zu Ihrem Bildbearbeitungsprogramm und wählen Sie *Datei/Neu.* In Photoshop passt sich die Größe einer neuen Datei automatisch dem Zwischenablage-Inhalt an – in diesem Fall ist die Größe also 1.024 × 768 Pixel bei einer Auflösung von 72 dpi. Bestätigen Sie die Dialogbox.

4. Wählen Sie *Bearbeiten/Einfügen.* Der Zwischenablage-Inhalt wird dadurch in die Datei eingesetzt.

5. Aktivieren Sie das Freistellungswerkzeug und schneiden Sie den Bildbereich aus, den Sie gleich per OCR einlesen möchten.

6. Korrigieren Sie eventuell noch Helligkeit und Kontrast oder blenden Sie die Farbe aus. Gehen Sie dabei vor wie im Tipp „Schwarzer Text auf farbigem Papier“ beschrieben.

7. Führen Sie mit dem Befehl *Bild/Einstellen/Schwellenwert* eine Umwandlung in Schwarz und Weiß durch. Wandeln Sie das Bild mit *Bild/Modus/Bitmap* in den 1-Bit-Modus um. Jetzt lassen Sie die Vorlage mit Ihrer OCR-Software umwandeln.

Wenn Sie die Wahl haben: Verwenden Sie serifenlose Schriften über 12 Punkt

Ein Großteil an Texten wird mittlerweile per E-Mail verschickt. Wenn Sie aber z. B. Kunden haben, die Ihnen regelmäßig Computer-Ausdrucke faxen, bitten Sie sie, möglichst Schriften ohne Serifen einzusetzen. Als Serifen werden die kleinen An- und Abstriche bezeichnet, die eigentlich zum Lenken des Auges durch den Text und damit zur besseren Lesbarkeit gedacht sind. Zu den serifenlosen Schriften gehören z. B. Arial, Tahoma, Futura und Verdana. Schriften mit Serifen wie z. B. die Times sind nicht so leicht zu erkennen.

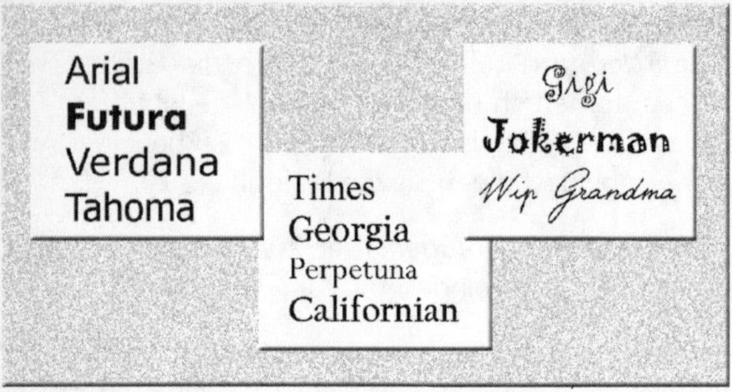

Die Gruppe der serifenlosen Schriften (links) ist am besten von der OCR-Software zu analysieren.

Hinzu kommt, dass bei den meisten Serifenschriften auch die Strichstärke der einzelnen Buchstaben variiert. Dies erschwert zusätzlich die gute Texterkennung. Auf die Verwendung dekorativer Spezialschriften sollte man hierbei verzichten. Diese zwar schönen Fonts bereiten dem OCR-Programm große Schwierigkeiten bei der Erkennung. Die Schriftgröße ist ebenfalls wichtig. Bei kleinen Schriftgraden von beispielsweise 8 Punkt neigen Buchstaben wie das kleine e zum „Zulaufen".

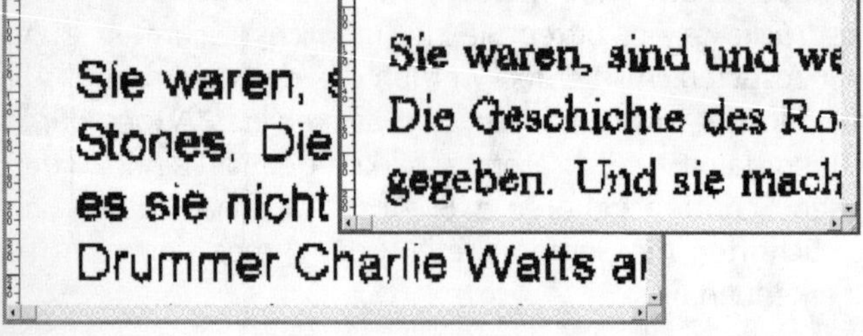

Beide Faxe sind nicht wirklich gut, allerdings wird am rechten Ausdruck deutlich, dass die Schrift bei Serifenschriften gleicher Größe eher zum Zulaufen neigt.

Auch wenn es der Bindung schadet – Bücher müssen meist beschwert werden

Durch die Spannung der Seiten ergibt sich beim Scannen von Büchern meist das Problem, dass es durch die Wölbung im Bund zu einem Schattenwurf kommt, dieser beeinträchtigt die Scanqualität deutlich.

Beschweren Sie daher den Deckel oder halten Sie ihn fest auf der Vorlage.

Typisches Vorgehen bei der Texterkennung

In dieser Beschreibung wird eine Buchseite mit dem Scanmodul Agfa-SNAPSCAN gescannt. Bearbeiten und speichern Sie das Bild in Photoshop, um dann mit OmniPage die Textumwandlung durchzuführen.

Das Szenario ist sehr detailliert und eventuell sind bei Ihren Vorlagen nicht alle Schritte nötig. Verwenden Sie die Schritte quasi als Baukasten-Prinzip: Wenn Sie einzelne Teile daraus nicht benötigen, lassen Sie diese weg.

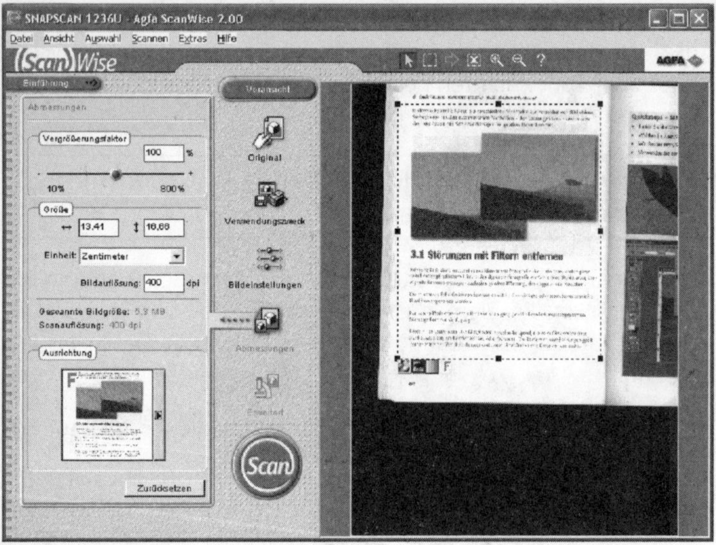

Wenn Sie wissen, dass Sie die Scans noch bearbeiten müssen, scannen Sie mit Ihrem Scanprogramm und korrigieren den Scan in Photoshop.

1. Legen Sie die Vorlage in den Scanner und starten Sie Ihr Scanmodul. Führen Sie einen Prescan durch, sodass Sie eine Voransicht erhalten.

2. Markieren Sie den Bereich, den Sie scannen möchten. In diesem Beispiel wird das Bild in den Scanbereich integriert, anstatt zwei Scanbereiche – einen oberhalb und einen unterhalb des Bildes – durchzuführen.

3. Da Sie den Text in Photoshop noch mit Tonwertkorrektur und Schwellenwertregler bearbeiten möchten, wird der 8-Bit-Graustufenmodus gewählt.

4. Um eine möglichst gute Texterkennung zu gewährleisten, verwenden Sie eine relativ hohe Auflösung von 400 dpi.

5. Entscheiden Sie diese Punkte je nach Vorlage und starten Sie den Scan. Schließen Sie dann das Scanprogramm. Der Scan sollte sich jetzt in Photoshop befinden.

Das Bild gerade richten

1. Korrigieren Sie zunächst den Winkel des Scans. Ich gehe dabei am liebsten so vor, dass ich das Messwerkzeug aus der Werkzeug-Palette aktiviere. Es befindet sich über der Lupe und kann auch durch mehrmaliges Drücken der Tastenkombination [Umschalt]+[I] aktiviert werden. Das Messwerkzeug teilt sich seinen Platz in der Werkzeug-Palette mit Pipette und Farbaufnahme-Werkzeug.Kontrollieren Sie in der Werkzeug-Palette, nach dem wievielten Klick das Messwerkzeug aktiv ist.

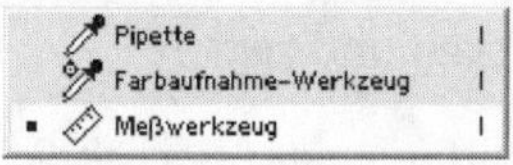

2. Zusätzlich benötigen Sie die Palette *Info* aus dem Menü *Fenster.* Klicken und ziehen Sie jetzt mit dem Messwerkzeug entlang einer Textzeile, sodass Sie eine Parallele bilden. In der Palette *Info* können Sie jetzt den Winkel ablesen.

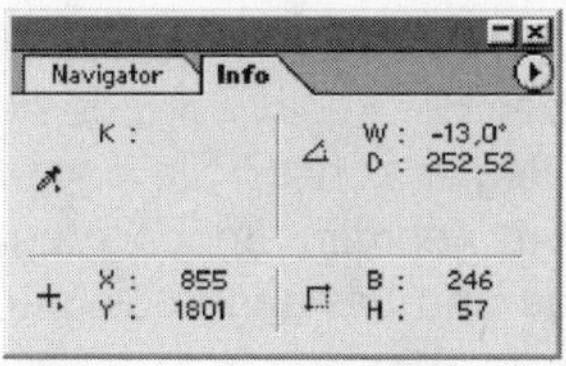

3. Richten Sie das Bild gerade, indem Sie *Bild/Arbeitsfläche drehen/Per Eingabe* wählen. Geben Sie genau den Winkel ein, den Sie in der *Info*-Palette abgelesen haben – also bei einem negativen Wert mit einem Minuszeichen davor –, wobei die Option *° im UZS* aktiviert sein muss.

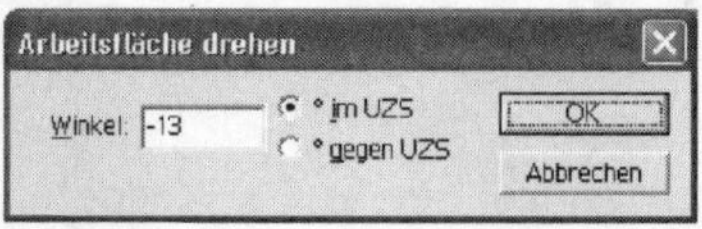

Da Sie in dieser Dialogbox auch Werte mit einem Minuszeichen davor eingeben können, müssen Sie die Option *° gegen UZS* nicht unbedingt verwenden.

Tonwertkorrektur und Speicherung

1. Zoomen Sie das Bild mit der Tastenkombination [Strg]+[+] (Pluszeichen) in eine geeignete Ansicht und verschieben Sie den Bildausschnitt an eine repräsentative Stelle, indem Sie die [Leertaste] festhalten und im Scan klicken und ziehen.

2. Wenn Sie jetzt einen guten Ausschnitt in einer übersichtlichen Vergrößerung sehen, wählen Sie *Bild/Einstellen/Tonwertkorrektur.*

3. In den allermeisten Fällen muss bei Textscans der Kontrast erhöht werden. Schieben Sie dazu den oberen linken Regler etwas nach rechts und den oberen rechten Regler etwas nach links. Durch das Zusammenschieben der Regler wird der Kontrast erhöht. Mit dem mittleren Regler können Sie noch Einfluss auf die Strichstärke der Schrift nehmen. Beobachten Sie die Auswirkungen auf die Vorlage und bestätigen Sie die Dialogbox, wenn Sie zufrieden sind.

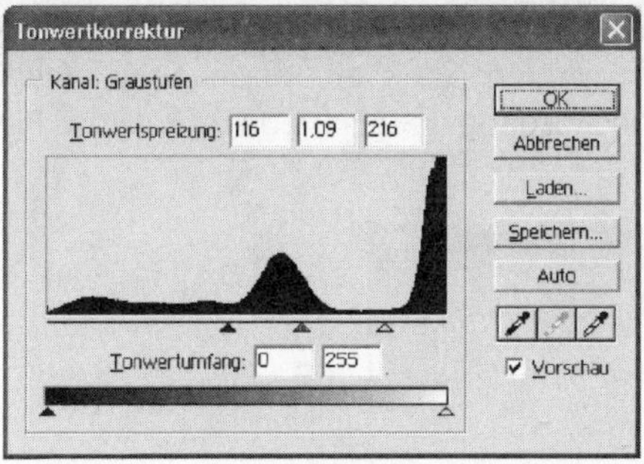

Mit den oberen drei Reglern beeinflussen Sie den Kontrast Ihrer Vorlage. Wichtig ist, dass das Kontrollkästchen *Vorschau* aktiviert ist, anderenfalls sehen Sie die Auswirkungen auf das Bild nicht.

4. Rufen Sie *Bild/Einstellen/Schwellenwert* auf. Auch hier können Sie die Strichstärke noch leicht beeinflussen. Verschieben Sie den *Schwellenwert*-Regler und beobachten Sie wieder die Wirkung auf das Bild. Wenn Sie mit der Umsetzung zufrieden sind, klicken Sie auf *OK*.

Wenn das Bild schon den maximalen Kontrast hat, bewirkt das Verschieben des Schwellenwertreglers keine Veränderung. In diesem Beispiel sieht man an der Tonkurve, dass der Kontrast noch nicht ausgereizt wurde, anderenfalls bestünde die Tonkurve lediglich aus einem einzigen senkrechten Strich.

5. Wandeln Sie das Bild mit *Bild/Modus/Bitmap* in eine Strichzeichnung um. Verwenden Sie die Option *Schwellenwert 50%* und die gleiche Ausgabe- wie Eingabe-Auflösung. Bestätigen Sie mit *OK*.

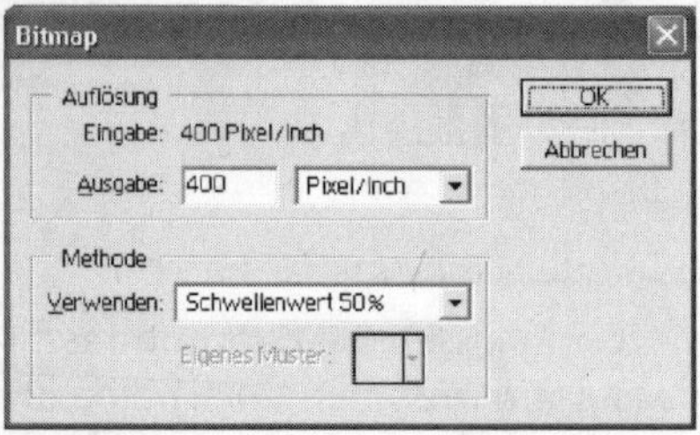

   Geben Sie als Ausgabe-Auflösung den gleichen Wert ein, der im Bereich *Eingabe* angezeigt wird. So verhindern Sie, dass es zu Detailverlusten kommt.

6. Wählen Sie *Datei/Speichern.* Geben Sie in der darauf folgenden Dialogbox das Dateiformat TIF an und vergeben Sie einen logischen Namen für die Datei. Merken Sie sich unbedingt den Speicherort. Klicken Sie auf *Speichern*.

7. Schließen Sie das Bild mit *Datei/Schließen.*

Die OCR-Erkennung durchführen

1. Laden Sie Ihr OCR-Programm. Wir verwenden OmniPage Pro für die Texterkennung. Wichtig zu wissen ist, dass man Bilder nicht über *Datei öffnen* lädt, sondern mit *Datei laden* aus der Haupt-Symbolleiste. In OmniPage gibt es einen Assistenten, der Sie durch die Schritte führt. Hier wird aber die manuelle Variante beschrieben.

2. Klicken Sie links in der Symbolleiste auf den Eintrag *Manuelle OCR*. Daraufhin erhalten Sie die Schaltfläche *Datei laden*. Klicken Sie darauf.

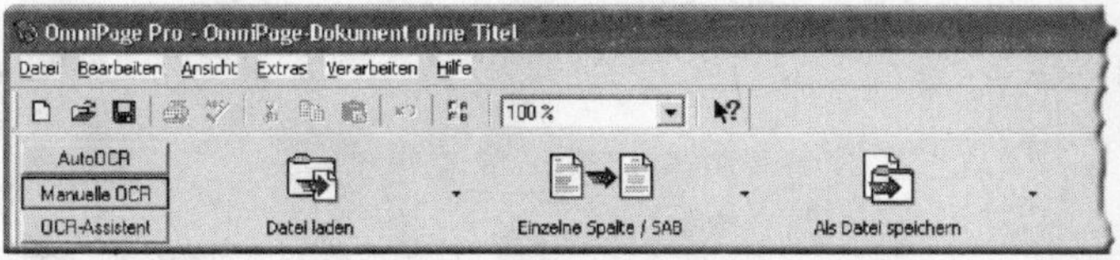

3. Es öffnet sich eine Navigations-Dialogbox. Suchen Sie Ihr Bild, markieren Sie es und klicken Sie auf *Öffnen*.

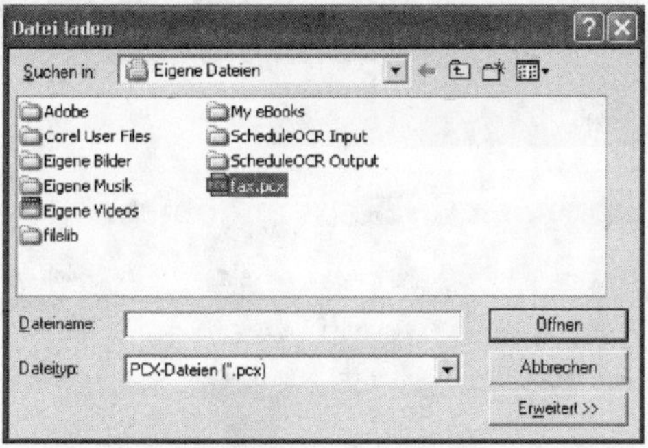

4. Das Bild wird geladen. Das Werkzeug *Rechteckige Bereiche zeichnen* ist automatisch aktiv. Markieren Sie jetzt die Bereiche, die Sie einlesen möchten. In diesem Beispiel wird zunächst der obere Textblock markiert. Lassen Sie dann das Bild frei und markieren Sie zusätzlich den unteren. Markieren Sie die Textblöcke nacheinander. Ein rechter Mausklick auf einen markierten Bereich öffnet ein Kontextmenü, aus dem Sie auswählen können, um was für einen Bereich es sich genau handelt.

5. Wenn Sie alles markiert haben, wählen Sie aus dem Menü den Befehl *Verarbeiten/Aktuelle Seite erkennen.* In der nächsten Dialogbox verwenden Sie den Befehl *Nur aktuelle Bereiche verwenden.* Die Texterkennung wird gestartet.

6. OmniPage zeigt bei diesem Beispiel keinen Fehler an. Wählen Sie *Datei/Speichern unter* und speichern Sie die Datei z. B. als DOC-Datei ab.

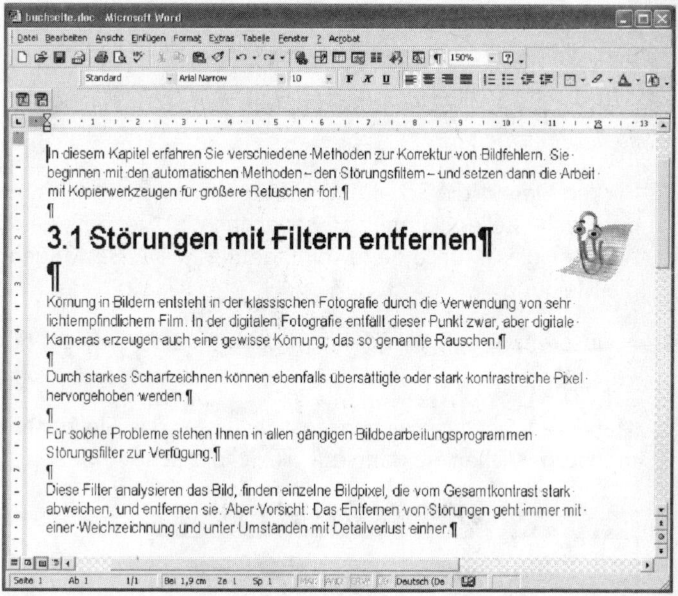

In diesem Beispiel hat OmniPage keinen einzigen Fehler gemacht – die Texterkennung funktioniert mittlerweile absolut überzeugend.

Übung macht den Meister beim Erkennen von Sonderzeichen

Die meisten OCR-Programme haben Schwierigkeiten, Sonderzeichen gut zu erkennen. Sie können Ihr Programm allerdings auf diese Art der Zeichenerkennung trainieren. Sie nennen dem Programm den zugehörigen ANSI-Code des Zeichens und speichern Ihre Angaben in einer Trainingsdatei. Gehen Sie folgendermaßen vor:

1. Laden Sie eine beliebige Seite, auf der sich Textzeichen befinden, die das Programm schlecht erkennt.
2. Wählen Sie in OmniPage den Befehl *Extras/Trainingsdatei erstellen/bearbeiten.*
3. Klicken Sie auf die Schaltfläche *Neu,* um eine neue Trainingsdatei zu erstellen. OmniPage benachrichtigt Sie, dass das Training für die aktuelle Seite durchgeführt wird. Bestätigen Sie die Meldung.
4. In unserem Beispiel wurde das Copyright-Zeichen nicht richtig erkannt.
5. Markieren Sie das Zeichen aus der Liste, das Sie benennen möchten. Klicken Sie dann auf die Schaltfläche *Angeben.*

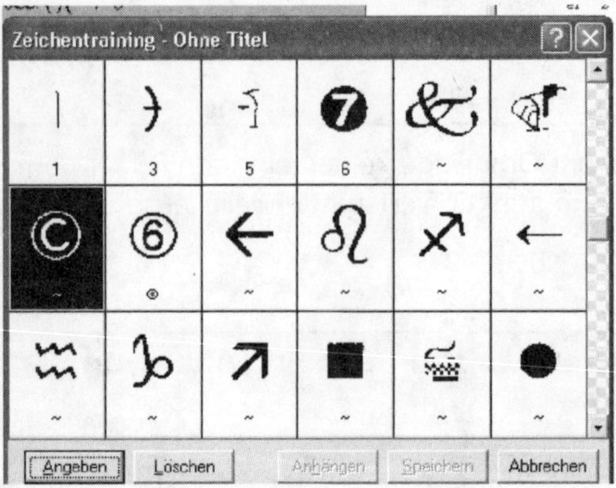

6. In der Dialogbox *Zeichenangabe* wählen Sie links aus der Liste *Erweiterter ANSI-Zeichensatz* das richtige Zeichen aus. Bestä-

tigen Sie anschließend mit *OK*. Klicken Sie in der nächsten Dialogbox die Schaltfläche *Speichern* an und sichern Sie somit Ihre Wahl.

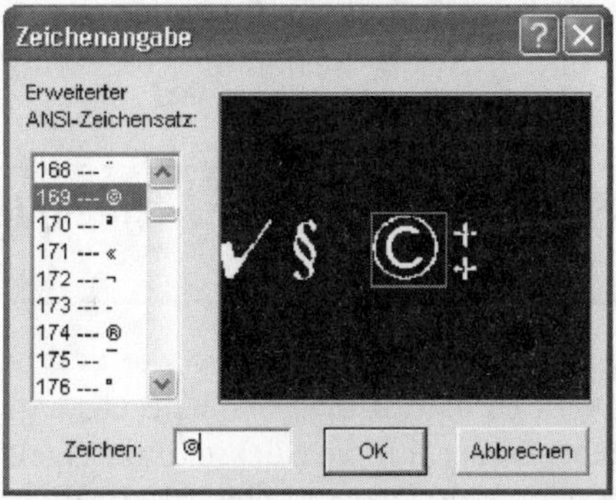

Helligkeit und Kontrast variieren

Werden bestimmte Textscans besonders schlecht eingelesen, kann es sein, dass Helligkeit und Kontrast noch nicht optimal eingestellt sind. Testen Sie in diesem Fall verschiedene Einstellungen und verwenden Sie die mit der besten Erkennungsrate.

Auszeichnungen fett und kursiv abspeichern

Wenn Sie Text mit Auszeichnungen eingelesen haben, ist es wichtig, dass Sie diese in einem Dateiformat speichern, das diese Attribute verwalten kann. Mit DOC oder RTF sind Sie in dieser Hinsicht auf der sicheren Seite.

Praktisch: Die Seiten-Reihenfolge ändern

Viele Programme – wie z. B. OmniPage Pro – verfügen über eine Sortierfunktion. Per Drag & Drop –, also indem Sie die Seiten anklicken und verschieben, ändern Sie die Reihenfolge ruck, zuck!

Quick Tipps Weg mit der Spiegelschrift – durchscheinende Rückseiten einfach verhindern

Wenn Sie einen Text scannen möchten, bei dem die bedruckte Rückseite durchscheint, gibt es hierfür eine einfache Lösung. Legen Sie ein schwarzes Blatt Papier auf die Rückseite der Vorlage. Dadurch wird der durchscheinende Text „geschluckt“.

Wenn Sie keine schwarze Pappe zur Hand haben, legen Sie einfach – z. B. in Word – eine schwarze Fläche auf einer Seite an und drucken diese auf Ihrem Drucker aus. Dies verbraucht zwar eine Menge Tinte bzw. Toner, aber dieses Blatt ist ja mehrfach verwendbar ;-)

Eventuell muss der Scan noch mit der Tonwertkorrektur aufgehellt werden. Dieses Thema wird in Kapitel 8 ausführlich beschrieben.

Quick Tipps Zeitungsberichte scannen und in Text umwandeln

Zu den größten Problemen beim Scannen von Zeitungsberichten gehören neben den durchscheinenden Rückseiten die Störungen, die sich durch die Papierqualität ergeben. Legen Sie daher eine schwarze Pappe hinter die Rückseite des Zeitungsartikels und gehen Sie dann so vor, wie in „Typisches Vorgehen bei der Texterkennung" beschrieben. Durch die Tonwertkorrektur sollten die Störungen verschwunden sein. OmniPage Pro erkennt sogar das Anfangs-Initial richtig.

Da sitzt der Mann, der in den vergangenen Jahren in Hannover zum Inbegriff für internationale Erfolge in der Musikbranche geworden ist, und erzählt, was er im Kopf hatte bei der Arbeit an seinem ersten Album. Doch er blickt nicht etwa auf seine künstlerischen Anfangsjahre zurück: Für Mousse T. (35) ist die Veröffentlichung seines Albums „Gourmet de Funk" am 3. Juni tatsächlich eine Premiere. Das mag man nicht ganz glauben, weil man ständig von seinen Projekten hört und liest. Und doch hat der Star-Remixer, Produzent und Songschreiber so gut wie alles schon gemacht - nur eine eigene Platte eben noch nicht.

Erschreckend gute Texterkennung: links das Original, in der Mitte mit Photoshop bearbeitet, rechts das Ergebnis in Word – 0 Fehler.

Quick Tipps: Manchmal hilft Kopieren

Wenn Sie eine Vorlage mit sehr unscharfer Schrift einscannen müssen, kann es hilfreich sein, wenn Sie die Vorlage zunächst mit dem Fotokopierer duplizieren und dann die Kopie scannen. Dieser Trick gilt übrigens auch für Strichzeichnungen aller Art.

Knick in Zeitungsberichten

Knicke in Vorlagen, die Sie mit OCR einlesen möchten, machen jedem Programm Schwierigkeiten. Es kann tatsächlich sehr hilfreich sein, wenn Sie den Knick mit einem Bügeleisen bügeln. Anschließend müssen Sie Ihre Bildbearbeitungssoftware zurate ziehen und den Knick schlicht wegretuschieren.

Scannen Sie den Bericht auf jeden Fall im Modus *Graustufen* und verwenden Sie eine hohe Auflösung, z. B. 400 dpi. Der Kontrast sollte beim Scan relativ niedrig sein. Der niedrige Kontrast gibt Ihnen die Freiheit, hinterher in Photoshop mit der Tonwertkorrektur helle und dunkle Bereiche besser zu korrigieren.

1. Aktivieren Sie in Photoshop das Werkzeug *Abwedler*.
2. Rufen Sie *Fenster/Werkzeug-Optionen einblenden* auf.

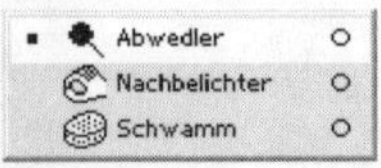

   Das Werkzeug *Abwedler* teilt sich seinen Platz in der Werkzeug-Palette mit dem *Nachbelichter* und dem *Schwamm*.

3. Definieren Sie die Werkzeug-Optionen. Wählen Sie eine Werkzeugspitze, die in etwa der Größe des Knicks entspricht. Verwenden Sie die *Bereich*-Einstellung *Mitteltöne* und eine Belichtung von etwa 20 %.

4. Bewegen Sie die Maus mit gedrückter linker Maustaste über den Knick und beobachten Sie die Wirkung. Die Schattierungen des Knicks sollten aufgehellt werden, wobei der Text nahezu unberührt bleibt.

5. Liefern diese Einstellungen bei Ihnen keine guten Ergebnisse, variieren Sie die Werkzeug-Optionen.

6. Wenn der Knick genügend bearbeitet ist, führen Sie die bekannte Tonwertkorrektur durch.

Saubere Sache – Staub und Fusseln entfernen

Staub, Fusseln und andere Störungen in Textscans können es der OCR-Software schwer machen, den Text richtig einzulesen. Photoshop und viele andere Bildbearbeitungsprogramme bieten verschiedene Möglichkeiten, wie man die lästigen Störenfriede beseitigen kann.

Das erste Werkzeug der Wahl ist der Radiergummi. Mit ihm radieren Sie Flecken einfach weg. Sind die Verschmutzungen zu zahlreich und zu fein, probieren Sie *Filter/Störungsfilter/Störungen entfernen* aus. Sollte dies auch nicht erfolgreich sein, testen Sie als Nächstes die anderen Störungsfilter *Staub und Kratzer entfernen* sowie *Helligkeit interpolieren* aus demselben Menü.

Gemischte Vorlagen in einem Rutsch scannen

Die meiste OCR-Software verfügt über die Möglichkeit, verschiedene Bereiche zu markieren und jedem Bereich individuelle Einstellungen zuzuweisen – so auch OmniPage Pro. Klicken Sie die einzelnen Bereiche einfach mit der rechten Maustaste an.. Aus dem darauf folgenden Kontextmenü wählen Sie die Bereichsdefinition, die dem Bereich entspricht.

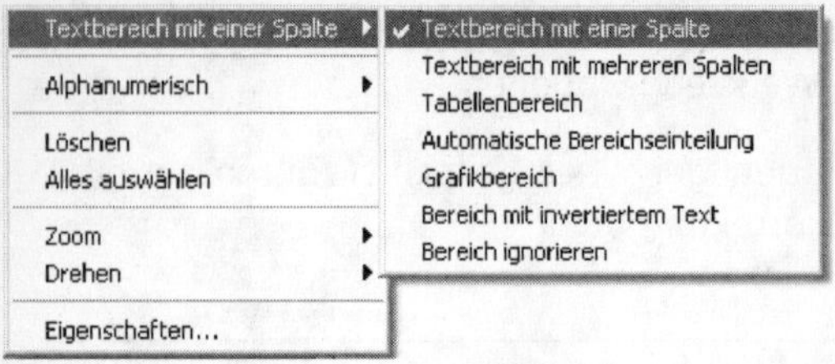

Aus dem Untermenü *Textbereich mit einer Spalte* können Sie weitere Definitionen zuweisen.

Handgeschriebenes als Bildscan erhalten

Viele OCR-Softwareprogramme sind noch nicht in der Lage, handgeschriebenen Text gut zu erkennen. Sie haben aber die Möglichkeit, z. B. eine Unterschrift als Bildobjekt beizubehalten.

Programmieren für Schnelle – Listings in der OCR-Software erkennen

Kennen Sie die Situation? In einem Webdesign- oder HTML-Buch finden Sie einen interessanten HTML-Code und möchten diesen in Ihrem HTML-Editor einbauen. Wenn man sich daranmacht, müssen selbst Zehnfinger-System-Geübte einiges an Zeit investieren. Hierbei ist eine OCR-Software äußerst hilfreich. Statt den Code abzutippen, scannen Sie ihn einfach mit Ihrer Texterkennungssoftware. Die meisten OCR-Programme lesen den Quelltext ungeniert ein. Allerdings sind die Befehle nicht bekannt und werden daher als unerkannt markiert. Bei unseren Testscans wurden alle Listings exakt wiedergegeben. Allerdings müsste eigentlich jeder einzelne Befehl optisch mit dem Original verglichen werden, um die Richtigkeit sicherzustellen. Wenn Sie häufig Quelltext scannen müssen, machen Sie sich eventuell die Mühe, zumindest die häufigsten Befehle in das Wörterbuch aufzunehmen.

```
<html>
<head>
<title>Untitled Document</title>
<meta http-equiv="Content-Type" content="text/html; charset=iso-8859-1 ">
</head>

<body bgcolor="#FFFFFF" text="#000000">

</body>
</html>
```

Das Texterkennungs-Wörterbuch erweitern

Manchmal werden Wörter als falsch markiert, obwohl sie richtig geschrieben sind. Diese Wörter müssen Sie in das Wörterbuch aufnehmen, damit das Programm an der nächsten Fundstelle nicht wieder darüber stolpert. Wählen Sie in diesem Fall *Extras/Anwenderwörterbuch erstellen/bearbeiten*. Es öffnet sich eine kleine Dialogbox, in der Sie entweder erneut auf *Bearbeiten* klicken, um das aktuelle Wörterbuch zu erweitern, oder auf *Neu*, um ein neues Wörterbuch zu erstellen.

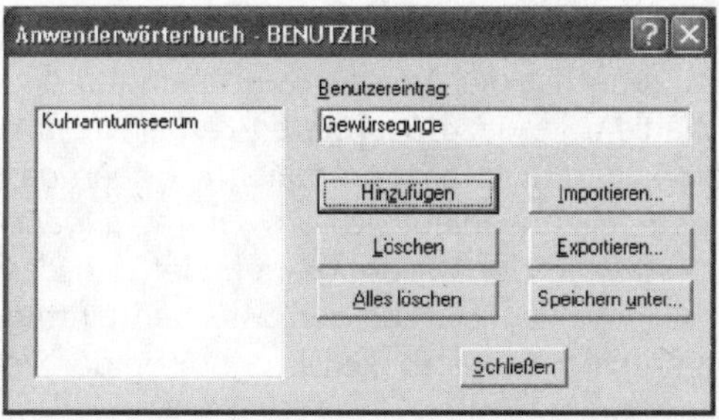

Auch sehr komfortabel in der Anwendung: Lehren Sie Ihrem persönlichen Anwenderwörterbuch Begriffe, die es noch nicht kennt. Diese Option ist besonders wichtig für spezielle Fachbegriffe und Eigennamen.

Schwarzer Text auf farbigem Papier

Für gutes Erkennen des Textes ist die OCR-Software auf große Kontraste zwischen Text und Hintergrund angewiesen. Ist der Kontrast zu gering, entstehen Schwierigkeiten bei der Analyse der gescannten Seite. Wurde der Text auf farbigem Papier gedruckt, ist es wichtig, die Seite auch in Farbe zu scannen. Anschließend muss der Scan in einem Bildbearbeitungsprogramm wie z. B. Photoshop, Paint Shop Pro oder PhotoPaint in seine Farbkanäle zerlegt werden. Das Szenario beschreiben wir anhand von Photoshop 6.0. Es funktioniert aber in den meisten anderen Bildbearbeitungsprogrammen genauso.

1. Scannen Sie die Vorlage im CMYK-Modus, wenn Ihr Scanner diesen Modus beherrscht. Sollte dies nicht der Fall sein, lesen Sie die Vorlage im RGB-Modus ein.

2. Laden Sie den Scan in ein Bildbearbeitungsprogramm, das Farbseparation beherrscht.

3. In Photoshop muss zunächst die Art der Farbseparation eingestellt werden. Wählen Sie dazu *Bearbeiten/Farbeinstellungen.* Sie finden in der darauf folgenden Dialogbox oben das Listenfeld *Einstellung*. Hier wählen Sie den Eintrag *Eigene* aus. Etwas weiter unten in der Dialogbox befindet sich das Listenfeld *CMYK.* Hier wählen Sie aus der Liste den Eintrag *Eigenes CMYK.* Daraufhin öffnet sich die Dialogbox, in der Sie den Schwarzaufbau steuern können.

4. Wichtig ist, dass Sie hier im Bereich *Schwarzaufbau* den Eintrag *Maximum* und *Maximum Schwarz 100%* einstellen. Dies bewirkt, dass Schwarz sich auch wirklich aus Schwarz aufbaut und nicht durch Zugabe der anderen Farben Cyan, Magenta und Yellow zusammengemischt wird. Schließen Sie die Dialogbox.

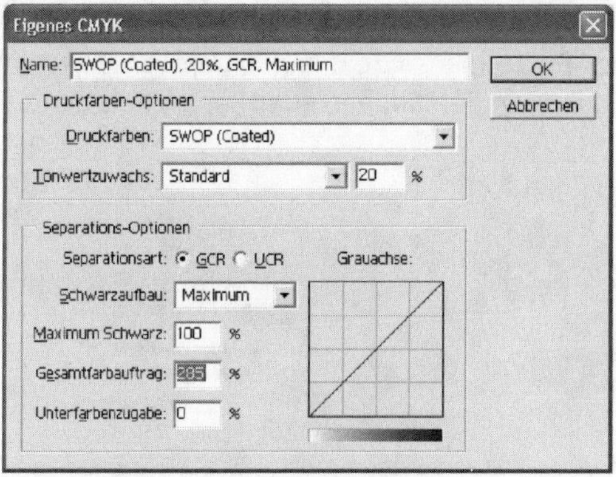

Orientieren Sie sich an der Abbildung, wenn Sie den Schwarzaufbau für die Umwandlung Ihres Scans einstellen.

5. Jetzt sind Sie fast am Ziel: Wählen Sie *Bild/Modus/CMYK.* Das RGB-Bild wird in den CMYK-Modus konvertiert.

6. Rufen Sie mit *Fenster/Kanäle einblenden* die *Kanäle*-Palette auf.

7. Klicken Sie einen Kanal nach dem anderen an. Im Schwarzkanal sollte der Text jetzt am besten zu erkennen sein. Markieren Sie also den Schwarzkanal durch einen Klick auf die Bezeichnung *Schwarz* in der *Kanäle*-Palette.

8. Wandeln Sie jetzt mit dem Befehl *Bild/Modus/Graustufen* den Kanal in den Graustufenmodus um. Sie erhalten die Frage, ob die anderen Farbkanäle gelöscht werden sollen. Bestätigen Sie mit *OK*.

9. Wenn Sie den Text jetzt mit Ihrer OCR-Software digitalisieren, sollte die Texterkennung einwandfrei funktionieren. Das Beispiel funktioniert natürlich adäquat auch mit anderen Farben. Wenn Ihnen z. B. hellblauer Text auf einem grauen Hintergrund vorliegt, verwenden Sie nach der Separation den Cyankanal.

Hier wurde schwarzer Text auf gelbem Papier gedruckt. Ganz links sehen Sie den Scan direkt in Graustufen gescannt – von links nach rechts daneben folgen die Farbauszüge Cyan, Magenta, Yellow und Kontrast (Schwarz).

„Gemarkerten" Text erkennen

Wenn Sie Texte einscannen möchten, bei denen Textstellen mit farbigem Marker gekennzeichnet wurden, gilt Ähnliches wie beim Thema „Schwarzer Text auf farbigem Papier". Scannen Sie die Seite im CMYK-Modus. Wenn Ihr Scanner diesen Modus nicht beherrscht, scannen Sie im RGB-Modus und wandeln die Seite in Photoshop in den CMYK-Modus um.

Rufen Sie anschließend die *Kanäle*-Palette auf und löschen Sie die Farbkanäle. Wandeln Sie den Scan dann mit *Bild/Modus/Bitmap* unter Verwendung der Option *Schwellenwert* 50 % in eine Strichzeichnung um. Wenn Sie die Seite jetzt mit der OCR-Software einlesen, sollte der Marker keine Probleme mehr bereiten.

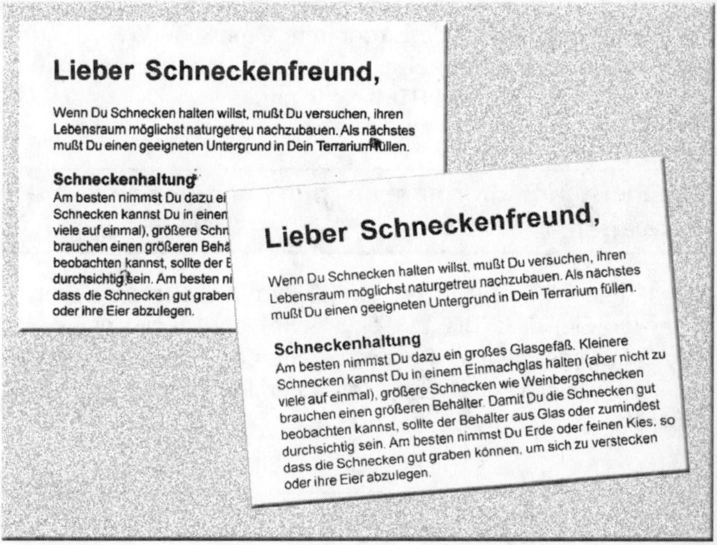

Beim direkten Strichscan kommt es dort zu Flecken, wo der Marker besonders stark aufgetragen wurde. Beim Scan rechts wurden die Farbkanäle gelöscht.

Im Zweifelsfall: erkannten Text mit Original vergleichen

Falls Sie bei erkannten Wörtern nicht sicher sind, ob diese richtig erkannt wurden, können Sie diese direkt in OmniPage mit dem Original vergleichen.

Aus gedruckt mach online ... OmniPage Web

Ein echtes Highlight ist das Programm OmniPage Web. Hiermit scannen Sie Broschüren, Flyer und sogar Handbücher ein und wandeln Sie direkt in eine HTML-Seite um.

Die meisten Bildformate können nur eine Seite verwalten

Wenn Sie ein Dokument z. B. im TIF-Format speichern möchten, bedenken Sie, dass TIFF nur eine Seite verwalten kann. Wenn z. B. OmniPage mehrere Dokumentseiten als TIFF speichern soll, legt es Einzelbilder mit einer fortlaufenden Nummerierung als Suffix ab.

Längere Dokumente scannen

Informieren Sie sich über einen Dokumenten-Einzug für Ihren Scanner. Sollte Ihr Scanner über dieses Zubehör verfügen, legen

Sie mehrere Textblätter in den Einzug und lassen den Scanner allein für Sie arbeiten. Die meiste neuere OCR-Software unterstützt diese Funktion. Falls Ihre Vorlagen Bücher sind, lohnt es sich eventuell, die Seiten zu kopieren und dann per Dokumenten-Einzug zu scannen.

Fremdsprachigen Text erkennen

Die meisten OCR-Programme bieten die Möglichkeit, mehrere Wörterbücher anzulegen. Definieren Sie für fremdsprachigen Text ein eigenes Wörterbuch.

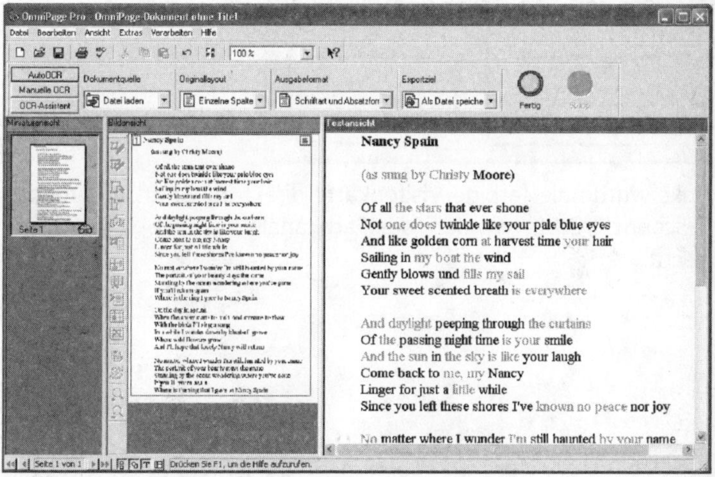

OmniPage Pro liest den englischen Text sehr gut ein, markiert allerdings viele Wörter als unbekannt. Fügen Sie diese Wörter einem speziellen Wörterbuch für englische Texte zu.

Visitenkarten scannen und den Inhalt in einer Datenbank archivieren

Ein Tipp für den Tag nach der Messe: Wenn Sie eine größere Menge an Visitenkarten archivieren möchten, scannen Sie diese per OCR und archivieren die Daten in Ihrer Datenbank.

Links wurde die farbige Visitenkarte direkt im Graustufenmodus gescannt, rechts wurden die Farbkanäle bis auf Schwarz gelöscht.

7. Dias und Negative perfekt scannen

In diesem Kapitel finden Sie Tipps zu allem, was durchsichtig ist und sich scannen lässt :-) – und das auch ohne Diascanner. Wie Sie z. B. die benötigte Auflösung für Ihren Diascan ermitteln, erfahren Sie auf den folgenden Seiten.

Top 10 – Dias und Negative: Tipps & Tricks

Durchlichteinheit ansteuern

Es passiert immer wieder gern, dass man vergisst, die Durchlichteinheit auch wirklich anzusteuern. In Ihrem Scanprogramm muss es Listenfelder oder Schaltflächen geben, die die Auswahl *Durchlicht* oder *Dia* zulassen. Vergisst man diese Einstellung, ist das Resultat nicht sehr befriedigend.

Falls der Scan eines eigentlich guten Dias so ähnlich aussieht, wird die Durchlichteinheit wahrscheinlich nicht angesteuert.

Durchlichteinheit für Flachbettscanner

Diascanner sind immer noch deutlich teurer als Flachbettscanner mit Durchlichteinheit. Besonders dann, wenn Sie eher mittel- und großformatige Dias scannen, sind Sie mit einem Durchlichtaufsatz gut bedient. Wenn Sie damit auch Kleinformatdias und Negative scannen möchten, achten Sie auf eine ausreichend hohe Auflösung des Scanners. Da Sie den Scan in den allermeisten Fällen stark vergrößern werden, ist eine hohe, optische Auflösung ein wichtiger Faktor. Wenn Sie ein Kleinbilddia mit den Maßen 24 × 36 mm auf eine Größe von 10 × 15 cm bringen möchten, wobei die Zielauflösung 300 dpi betragen soll, müssen Sie das Kleinbilddia mit einer Auflösung von 1.250 dpi einscannen.

Mittlerweile gibt es auf dem Markt einige qualitativ hochwertige Flachbettscanner mit Durchlichteinheit unter einem Preis von 250 Euro. Da auch optische Auflösungen von über 1.200 dpi Standard sind, funktionieren diese auch für Kleinbilddias akzeptabel. Echte Diascanner bieten allerdings meist eine deutlich bessere Schärfe. Lassen Sie sich gut über die Möglichkeiten beraten.

Quick Tipps Negativ-Tönung entfernen

Sollten Ihre Hauptscanobjekte Negativ-Vorlagen sein, ist es hilfreich, darauf zu achten, dass Scanner bzw. Scanprogramm die Tönung des Negativs automatisch entfernen können. Sie erreichen dies zwar auch in Photoshop mithilfe der verschiedenen Farbkorrekturfunktionen, praktikabler ist in diesem Fall allerdings die automatische Variante.

Quick Tipps Photoshop macht Negative positiv

Wenn Ihr Scanner nicht die Möglichkeit bietet, im Negativ-Modus zu scannen und somit das Negativ gleich während des Scanvorgangs in eine Positiv umzuwandeln, gibt es eine Photoshop-Alternative. Scannen Sie das Negativ ein und wählen Sie dann in Photoshop den Befehl *Bild/Einstellen/Umkehren.* Mit diesem Befehl wird Ihr Negativ zum Positiv.

Farbstich ausgleichen

Wenn Sie das Negativ invertiert haben, müssen Sie eventuell noch den Farbstich beseitigen. Eine der komfortabelsten Dialogboxen für diese Aufgabe finden Sie unter *Bild/Einstellen/Variatio-*

nen. Hier sehen Sie in der Vorschau gleich, durch welche Farbzugabe Sie den Farbstich ausgleichen. Dies können Sie separat für Lichter, Mitteltöne und Tiefen machen und die Stärke mit dem Regler zwischen *Fein* und *Grob* variieren. Wichtig zu wissen ist, dass in dieser Dialogbox der Farbstich durch Zugabe der Komplementärfarbe ausgeglichen wird. Möchten Sie einen Rotstich entfernen, klicken Sie auf das Vorschaubild *Mehr Cyan*, da Cyan im Farbkreis komplementär, also gegenüber von Rot liegt.

Die Vorschaubilder sind in einem Farbkreis angeordnet. Farbstiche werden hier durch Anklicken der gegenüberliegenden Farbe ausgeglichen. Einen Gelbstich entfernen Sie durch einen Klick auf das Vorschaubild *Mehr Blau.*

Quick Tipps Echt scharf nur bei 100 %

Wenn Sie ein Dia mit einer hohen Auflösung in Photoshop öffnen, kann Photoshop nicht alle Pixel 1:1 darstellen. In der Titelleiste am oberen Rand Ihres Bildes sehen Sie einen Zoomfaktor in Prozent. Wenn Sie die Schärfe Ihres Scans beurteilen möchten, ist es wichtig, dass der Zoomfaktor 100 % ist. Bei jedem anderen Faktor werden Pixel hinzugefügt oder herausgerechnet. Um schnell auf die 100 %-Ansicht zu kommen, wählen Sie *Ansicht/ Tatsächliche Pixel* bzw. die Tastenkombination [Alt]+[Strg]+[0].

Hier sehen Sie einen Zoomfaktor von 50 %. Hierbei fallen 50 % der vorhandenen Bildpixel in der Ansicht weg.

Kleines Bild ganz groß – die richtige Auflösung für die Diavergrößerung

Wenn Sie kleine Vorlagen scannen, die Sie in ein größeres Zielformat bringen wollen, vermeiden Sie es in der Regel, die Vergrößerung in Zentimeter im Scanprogramm einzugeben. Der Grund dafür ist, dass Sie auf jeden Fall verhindern wollen, dass der Scanner bzw. dessen Software interpoliert. Wie in anderen Kapiteln angesprochen, weist Photoshop meist bessere Interpolationsmethoden auf als der Scanner. Errechnen Sie sich die benötigte Auflösung und verteilen Sie die Pixel in Photoshop auf das gewünschte Maß. Wenn Sie herausfinden wollen, mit welcher Auflösung Sie ein Dia scannen möchten, gehen Sie wie folgt vor:

1. Wählen Sie in Photoshop *Datei/Neu* und geben Sie in das Feld *Breite* die Breite Ihrer Originalvorlage, also des Dias, ein. In unserem Fall verwenden wir eine Durchsichtvorlage mit einer Breite von 4 cm. Im Moment sind alle anderen Werte nicht wichtig, da Sie mit dieser Datei lediglich die optimale Auflösung für Ihre Vorlage finden möchten. Bestätigen Sie mit *OK*.

2. Ihre neue Datei wird erstellt. Wählen Sie jetzt *Bild/Bildgröße*. Achten Sie an dieser Stelle darauf, dass das Kontrollkästchen *Bild neuberechnen mit* aktiviert ist. Die Methode ist allerdings ebenfalls nicht relevant. Geben Sie jetzt in das Feld *Breite* die Breite ein, auf die Sie das Bild vergrößern möchten – in unserem Fall 27 cm. Zusätzlich geben Sie in das Feld *Auflösung* die Wunsch-Auflösung ein, die das vergrößerte Bild aufweisen soll. Hier verwenden wir den Wert 200 dpi – ausreichend für den Tintenstrahldrucker. Bestätigen Sie die Dialogbox mit *OK*.

3. Sie sind fast am Ziel: Rufen Sie die Dialogbox erneut auf. Deaktivieren Sie jetzt das Kontrollkästchen *Bild neuberechnen mit.* Geben Sie wieder die Originalbreite ein – in unserem Bei-

spiel 4 cm. Da Sie die Interpolation mit dem Kontrollkästchen *Bild neuberechnen mit* ausgeschaltet haben, ist Photoshop gezwungen, die Gesamtpixel auf die Originalbreite zu verteilen, denn ohne Interpolation bleibt der Gesamtpixelwert gleich. Sie sehen jetzt im Feld *Auflösung* die Auflösung, mit der Sie scannen müssen. In unserem Fall heißt das: 1.350 Pixel/Inch.

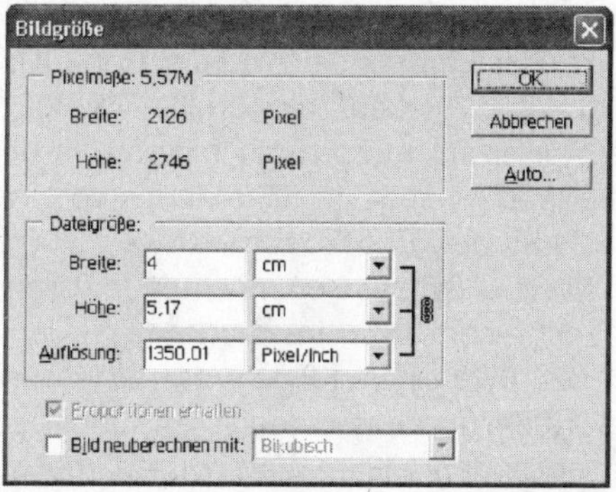

Sie können die Höhe bei dieser Arbeitsfolge ignorieren, Sie benötigen nur einen der beiden Werte, um die Scanauflösung zu ermitteln. Auf diese Weise errechnen Sie die Scanauflösung für alle möglichen Vorlagen.

Photoshop zeigt die Dateigröße

Möchten Sie wissen, wie viele MByte ein Scan auf Ihrer Festplatte belegt? Wenn Sie Photoshop zur Hand haben, ist das Vorgehen einfach. Sie wählen *Datei/Neu* und geben sämtliche Parameter in die Dialogbox ein – sprich: Breite, Höhe, Auflösung und Farbmodus. Oben in der Dialogbox zeigt Photoshop sofort die Größe der unkomprimierten Datei an.

Dateigröße mit dem Taschenrechner errechnen

Wenn Sie gerade nur einen Taschenrechner in der Nähe haben und wissen möchten, ob ein Bild auf eine Diskette mit 1,44 MByte Speicherkapazität passt, verwenden Sie folgenden Rechenweg:

Wenn Sie die Bildgröße in Pixeln kennen, ist der Rechenweg kürzer. Rechnen Sie die Pixel der Breite x die Pixel der Höhe. Unser Bild weist die Maße 400 × 350 Pixel auf, dies ergibt 140.000 Gesamtpixel. Diese Gesamtpixelzahl müssen Sie mit der Farbtiefe multiplizieren. Unser Beispielbild liegt im RGB-Modus vor, weist also eine Farbtiefe von 24 Bit auf. Das Ergebnis lautet 3.360.000 Bit. Wenn Sie jetzt den Wert in Byte wissen möchten, müssen Sie durch 8 teilen, da acht Bit einem Byte entsprechen. Wir landen bei 420.000 Byte. Da 1.024 Byte einem KByte entsprechen, teilen wir diesen Wert durch 1.024 und das Ergebnis entspricht etwa 410 KByte. Wenn Sie noch den MByte-Wert wissen möchten, teilen Sie erneut durch 1.024. Unser Bild hat eine Dateigröße von 0,4 MByte.

Der lange Weg wurde nur zur Erläuterung beschrieben. Da Sie erst mit 24 muliplizieren und dann durch 8 teilen, können Sie direkt mit 3 multiplizieren. Die Kurzform:

Breite × Höhe in Pixeln × 3 : 1.024 = Dateigröße in KByte

Besserer Kontrast ohne Diaränder

Wenn Sie mit einem Scanprogramm arbeiten, das eine automatische Belichtung durchführt, ist es besonders wichtig, dass Sie schon den richtigen Bildausschnitt wählen. Die Belichtungsautomatik misst die hellsten und dunkelsten Punkte und erzeugt dann den maximalen Kontrast. Wenn Sie den Rahmen des Dias mit in die Markierung einbeziehen, funktioniert die Automatik nicht, da der Rahmen Schwarz und Weiß aufweist.

Links wurde der Rahmen in die automatische Tonwertkorrektur einbezogen – der Kontrastunterschied wird sehr deutlich.

Die automatische Belichtung überlisten

Bei manchen Bildern funktioniert die Belichtungsautomatik aufgrund schwieriger Kontrastverhältnisse nicht besonders gut. In solchen Fällen markieren Sie für die Belichtungsmessung nicht das ganze Bild, sondern lediglich einen Ausschnitt, lösen die automatische Belichtung aus, beurteilen, ob die Belichtung so besser ist, und ziehen dann die Markierung auf das gesamte Bild. Dies funktioniert allerdings nur, wenn die Software die Automatik nicht sofort auf jeden Ausschnitt anwendet, sondern Sie diese auslösen müssen.

Günstige Alternative Foto-CD

Die meisten Fotofachgeschäfte bieten Ihnen mittlerweile den Service, Dias auf Foto-CDs zu speichern. Dies ist eine wirklich komfortable und übersichtliche Möglichkeit, da Sie zusätzlich Kontaktabzüge mit Dateinamen erhalten. Auf eine Foto-CD passen z. B. ca. 100 Scans mit einer Auflösung von 300 dpi und einer Größe von 10 × 15 cm im RGB-Modus.

Für Bastler: Durchlichteinheit simulieren

Wenn Sie spontan eine Durchlichtvorlage wie ein Dia oder ein Negativ scannen müssen, aber partout kein Durchlichtscanner in der Nähe ist, „basteln" Sie sich einfach eine Durchlichteinheit. Sie erhalten im Fachhandel Leuchtpulte, die eigentlich zum Anschauen von Dias dienen. Legen Sie dieses Leuchtpult auf das Dia. Falls die Qualität nicht überzeugend ist, testen Sie, ob es hilft, das Leuchtpult um 90° zu drehen.

Folgender Tipp gilt nur für Extremsituationen, doch Durchlicht aus der Taschenlampe ist besser als gar kein Durchlicht ;-) Basteln Sie sich eine Vorrichtung, die Sie über die Vorlage stülpen und in die Sie z. B. eine Taschenlampe einstecken können. Sehr gut eignet sich z. B. ein Schuhkarton, in den Sie eine Öffnung für die Lampe schneiden.

Bei extremen Auflösungen wird die Körnung des Dias sichtbar

Wenn Sie ein 35-mm-Kleinbilddia mit einer Auflösung von 300 dpi auf die Größe einer DIN-A4-Seite vergrößern möchten, benötigen Sie eine Scanauflösung von etwa 2.600 dpi. Bei dieser Auflösung wird schon die Körnung des Dias sichtbar.

Für Flachbettscanner: Dias aus dem Rahmen nehmen

Wenn Sie über einen Flachbettscanner mit Durchlichteinheit verfügen und Dias scannen, ist es auf jeden Fall hilfreich, die Dias aus dem Rahmen zu nehmen und in dafür vorgesehene Vorlagenhalter zu legen. Der Abstand ist somit in Bezug auf die Schärfe ideal. Direkt auf die Glasplatte sollten Dias nicht gelegt werden, da hierbei die gefürchteten Newtonringe entstehen können. Bedenken Sie in jedem Fall, dass Diarahmen wichtige Teile der Vorlage abdecken könnten.

Newton-Ringe sind im Nachhinein schwer zu retuschieren. Vorlagenhalter verhindern durch den idealen Abstand diese Störungen.

8. Tolle Tricks für die Bildbearbeitung

In diesem Kapitel finden Sie unsere Lieblingstipps für die digitale Bildbearbeitung. Die Beispiele sind mithilfe von Adobe Photoshop erläutert, funktionieren aber genauso oder sehr ähnlich in anderen Programmen wie z. B. Paint Shop Pro oder Corel PHOTO-PAINT. Viel Spaß beim Zaubern toller Effekte!

Top 10 – Bildbearbeitung: Tipps & Tricks

Originaldaten speichern

Dieser Tipp steht an erster Stelle, weil man vor lauter Enthusiasmus beim Experimentieren schon mal das Speichern oder Erstellen von Sicherheitskopien vergisst. Bei besonders komplizierten Motiven sollten Sie eine Kopie der Originaldatei ablegen oder in Ihrem Bildbearbeitungsprogramm die relevante Ebene duplizieren, indem Sie *Ebene/Ebene duplizieren* wählen. Arbeiten Sie anschließend mit dem Duplikat, können Sie jederzeit auf die untere Ebene zurückgreifen. Falls der gewünschte Effekt nicht ganz perfekt ist, können Sie den Vorgang wiederholen oder auch bestimmte Bereiche aus dem Originalbild in die neue Datei kopieren.

Drehen und ausschneiden mit einem Werkzeug

Wenn Sie bei einem Rohscan den Ausschnitt bestimmen und diesen gerade richten möchten, hält Photoshop für Sie ein besonderes Werkzeug bereit: das Freistellungswerkzeug. Es befindet sich ab der Version 6.0 an dritter Stelle von oben links in der Werkzeug-Palette. Aktivieren Sie es mit einem Mausklick.

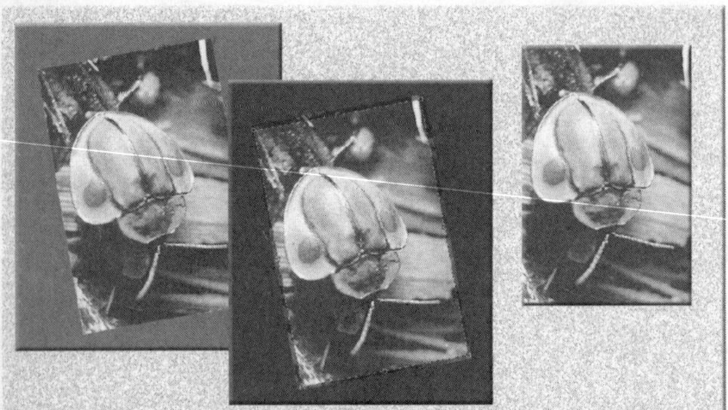

Original, Bearbeitung, Ergebnis – im mittleren Bild können Sie den angepassten Freistellungsrahmen erkennen. Durch einen Doppelklick innerhalb des Rahmens wird die Freistellung ausgelöst.

1. Klicken Sie an einer beliebigen Stelle ins Bild und ziehen Sie einen kleinen Rahmen auf. Die exakte Position des Markierungsrahmens ist noch nicht wichtig, da Sie den Ausschnitt noch korrigieren können. Wenn Sie den Rahmen aufgezogen haben, wird dieser mit acht Markierungsknoten versehen. Beginnen Sie grundsätzlich erst mit einem kleinen Markierungsrahmen, damit Sie die Eckpunkte bei der Drehbewegung nicht aus dem Bild drehen.

2. Bewegen Sie den Mauszeiger wenige Millimeter außerhalb eines Eckpunkts. Daraufhin erkennen Sie, dass Ihr Cursor sich in einen gebogenen Pfeil verwandelt. Klicken und ziehen Sie jetzt, der Markierungsrahmen dreht sich.

3. Intuitiv neigt man dazu, entgegen dem Bildwinkel zu drehen. Doch bei diesem Werkzeug muss der Markierungsrahmen genau auf dem Bild und somit die Seiten exakt parallel zu den Bildkanten liegen.

4. Klicken Sie die Eckpunkte an und ziehen Sie sie mit der Maus in die richtige Position, bis der Ausschnitt perfekt ist.

5. Wenn Sie sich nicht an den Außenkanten des Bildes orientieren können, weil das Bild in sich schief ist, suchen Sie eine Achse – etwa den Horizont oder einen Laternenpfahl –, um den richtigen Winkel zu ermitteln. Wichtig ist, dass es sich um eine Linie handelt, die nach der Drehung des Bildes senkrecht oder waagerecht verläuft.

6. Zum Auslösen des Freistellungsvorgangs klicken Sie doppelt innerhalb des Markierungsrahmens. Hierbei ist es wichtig,

dass Sie nicht exakt die Mitte treffen, da sich hier die Achse für den Drehpunkt befindet und die Freistellung beim Klicken darauf nicht ausgelöst wird.

Auf exakte Bildgröße ausschneiden

Mit dem Freistellungswerkzeug können Sie Bilder auch direkt auf eine bestimmte Bildgröße beschneiden. Wählen Sie dazu *Fenster/ Werkzeug-Optionen einblenden*. Innerhalb der Optionen-Leiste können Sie dann Werte direkt eingeben. Daraufhin lässt sich der Markierungsrahmen nur noch innerhalb dieser Proportionen aufziehen.

Möchten Sie die Einstellungen verwerfen, klicken Sie auf die Schaltfläche *Löschen*. Falls Sie die Einstellungen eines bestimmten Bildes übernehmen möchten, um weitere Bilder auf exakt diese Maße zu beschneiden, aktivieren Sie ein beliebiges Bild, klicken die Schaltfläche *Vorderes Bild* an und verwenden die Einstellungen dann auf die gewünschten Bilder. Alle diese Einstellungen beziehen sich auf die Leiste der Werkzeug-Optionen.

Grauschleier ade: So findet man Bildfehler mit dem Histogramm

Es kommt vor, dass ein Bild flau wirkt, aber nicht gleich klar ist, worin das Problem begründet ist. Hierbei kann ein Blick auf das Histogramm die Ursache entlarven. Es zeigt die Verteilung der Farben im Bild. Sie können entweder den Graustufenkanal, CMYK bzw. RGB insgesamt anzeigen lassen oder aus dem Listenfeld *Kanal* einen einzelnen Farbkanal auswählen.

Farbstiche entlarvt das Histogramm auf einen Blick. Sie lesen hier ab, wie viele Bildpunkte jedes einzelnen Helligkeitswerts einer Farbe vorhanden sind – es ist die Bestandsaufnahme Ihres Bildes.

Links vor, rechts nach der Bearbeitung mit der Tonwertkorrektur.

Beurteilen Sie, ob Farbanteile über das gesamte Farbspektrum verteilt sind oder ob bestimmte Bereiche vollständig fehlen. Dies kann ein Hinweis auf Bildprobleme sein. Finden Sie beispielsweise am linken Rand des Histogramms keine Bildpunkte vor, fehlen dunkle Bereiche. Fehlen Bildpunkte ganz rechts, sind keine hellen Bildpixel vorhanden. Grundsätzlich gilt, dass bei einem ausgewogenen Bild in sämtlichen Farbbereichen Bildpunkte vorhanden sein sollten, denn dann ist der Kontrast am ausgewogensten.

1. Wählen Sie den Befehl *Bild/Einstellen/Tonwertkorrektur*. Das Histogramm wurde in Photoshop in die Tonwertkorrektur integriert. Sie finden das Histogramm in fast allen Bildbearbeitungsprogrammen.

2. Schauen Sie sich die Verteilung der Bildpixel an. In unserem Beispiel befindet sich die größte Menge an Bildpixeln in der linken Hälfte des Histogramms. Dies stellt statistisch dar, was Sie sehen – das Bild ist deutlich zu dunkel. Durch Verschieben des oberen mittleren Reglers nach links wird dieses Problem korrigiert.

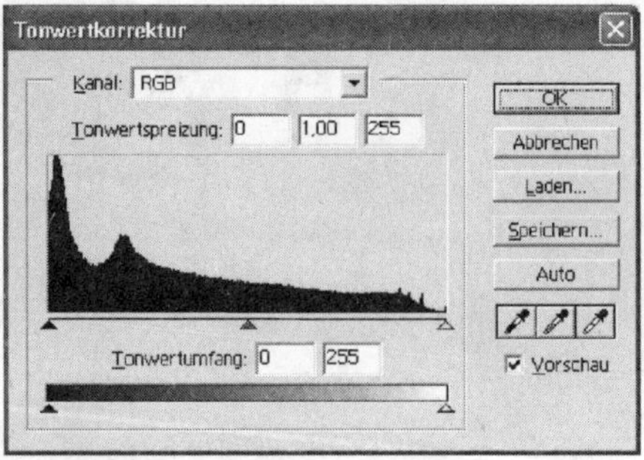

Ungleiche Verteilung: Es sind deutlich mehr dunkle Bildpixel als helle vorhanden. Schieben Sie in einem solchen Fall den oberen mittleren Regler nach links.

3. Es ist hilfreich, nach jeder Bearbeitung innerhalb der Tonwertkorrektur die Dialogbox mit *OK* zu schließen und erneut aufzurufen, denn Veränderungen am Histogramm werden erst beim Wiederaufruf sichtbar.

4. Jetzt geht es daran, die einzelnen Farbkanäle zu beurteilen. Wählen Sie oben aus dem Listenfeld *Kanal* die einzelnen Farbkanäle aus. Unser Beispielbild hat einen Grünstich. Dieser wird auch statistisch deutlich, wenn man den Grünkanal betrachtet.

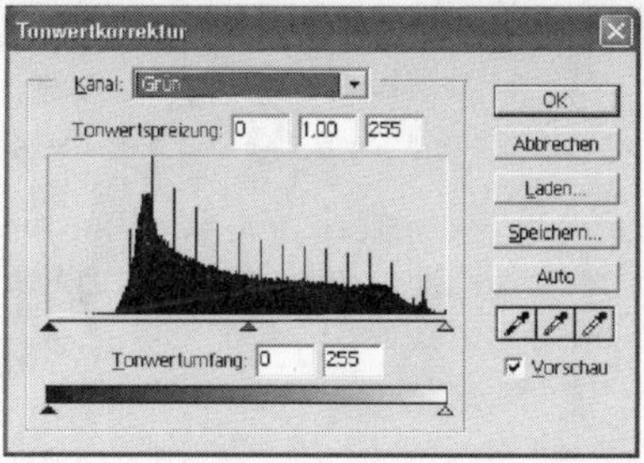

Ganz links fehlen die Bildinformationen völlig. Das bedeutet, es sind keine dunklen Bildpunkte des Grünkanals vorhanden. Dieser Umstand macht den Farbstich aus.

5. Sollten bei Ihrem Histogramm Bildinformationen außen völlig fehlen, schieben Sie die oberen äußeren Regler bis an die Stelle, an der die Informationen beginnen, also jeweils bis an den Berg heran. Betrachten Sie die Wirkung auf das Bild. In unserem Beispiel wird durch diese Aktion der Farbstich ausgeglichen.

6. Wenn Sie zum ersten Mal mit Histogramm und Tonwertkorrektur arbeiten, mag die Beurteilung der Tonkurve etwas mühselig erscheinen. Diese Arbeit lohnt sich besonders bei schwierigen Bildern, in denen die Bildprobleme nicht auf den ersten Blick entlarvt werden können.

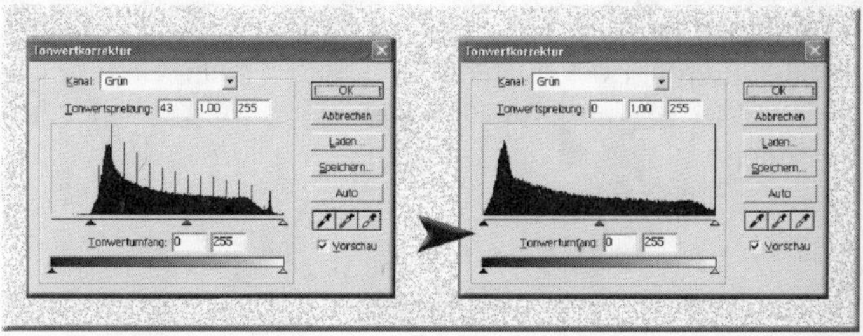

Korrektur und Ergebnis: Der obere linke Regler wurde bis an die Tonkurve herangeschoben. Nach der Bestätigung werden die Bildpixel neu verteilt.

Diese Aktion erhöht den Kontrast – die Tonkurve wird auseinander gezogen. Sie sehen im rechten Bild, dass hier das gesamte Farbspektrum von 0 bis 255 ausgenutzt wird.

Kontrast verringern für besseren Ausdruck

Im vorigen Beispiel haben wir den Kontrast des Bildes erhöht. Hier soll das Gegenteil das Thema sein. Wann immer man Bilder am Monitor präsentiert, darf man den gesamten Kontrast des Farbspektrums ausnutzen. Beim Drucken von Bildern ist dies leider nicht genauso.

Durch den Druck kommt es immer zu einem technisch bedingten Tonwertzuwachs. Dieser liegt im Vorgang des Druckens, im Anpressdruck und der Saugfähigkeit des Papiers begründet. Je nach Papierart und Druckverfahren können in den Lichtern Bildpunkte „wegbrechen“ und in den Tiefen „zulaufen“.

Dieser Effekt ist leider nicht völlig zu verhindern. Um diesem Problem entgegenzuwirken, können Sie den Kontrast des Bildes mithilfe der Tonwertkorrektur etwas einschränken. Durch den Druck wird dies dann wieder ausgeglichen. Schieben Sie die beiden Regler unterhalb des Rasterbalkens so weit nach innen, bis die gewünschte Tonwerteinschränkung erreicht ist.

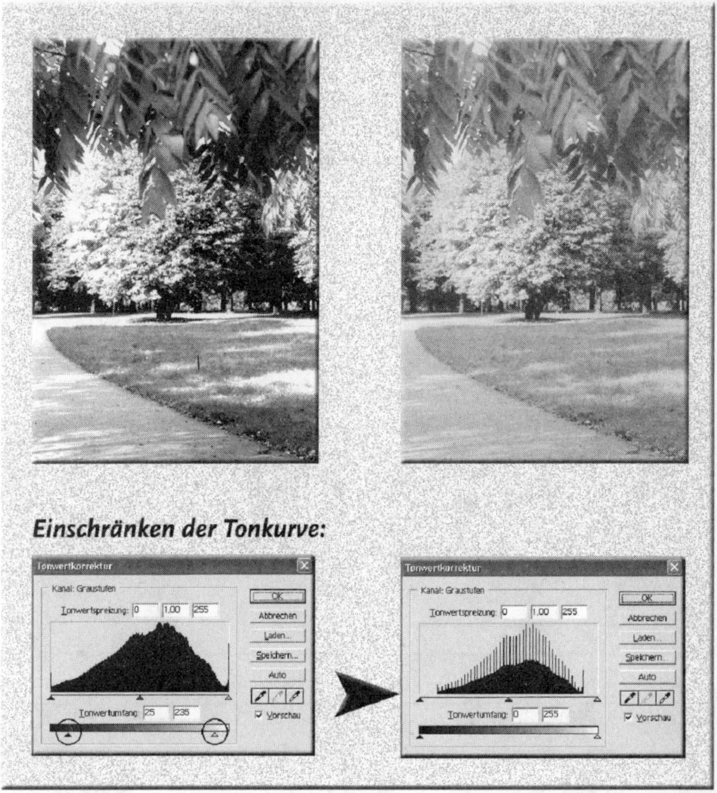

Das linke Bild wurde ohne Einschränkung der Tonkurve gedruckt, das rechte mit Kontrasteinschränkung. Probleme werden in den sehr hellen und sehr dunklen Bildbereichen sichtbar. Im linken Bild sind die hellen Bereiche weggebrochen und die Tiefen zugelaufen. Hier ist keine Detailzeichnung mehr erkennbar.

Coole Wasserzeichen mit der Tonwertkorrektur

Das Einschränken der Tonkurve kann man auch so extrem durchführen, dass ein Wasserzeichen-Effekt entsteht. Hierbei schieben Sie den unteren linken Regler so weit nach rechts, bis das Bild hell genug ist, um als Hintergrund einer Seite dienen zu können.

Bilder in Photoshop vergrößern und verkleinern

Wenn Ihr Bild in Photoshop noch nicht exakt die richtige Größe hat, können Sie diese einfach anpassen. Da Größenveränderungen aber immer einen gewissen Qualitätsverlust bewirken, sollten Sie Skalierungen über 130 % vermeiden.

1. Rufen Sie den Befehl *Bild/Bildgröße* auf. Dieses Beispielbild hat zurzeit eine Größe von 14,83 x 9,2 cm und eine Bildauflösung von 210 dpi. Es soll etwas verkleinert werden.

2. Aktivieren Sie zunächst das Kontrollkästchen *Proportionen erhalten.* Dadurch verhindern Sie, dass nur die Breite verändert und das Bild damit verzerrt wird.

3. Der nächste wichtige Punkt ist, die richtige Interpolationsmethode einzusetzen. Aktivieren Sie das Kontrollkästchen *Bild neuberechnen mit* und wählen Sie dann den Eintrag *Bikubisch.* Dies ist die richtige Interpolationsmethode für Fotos.

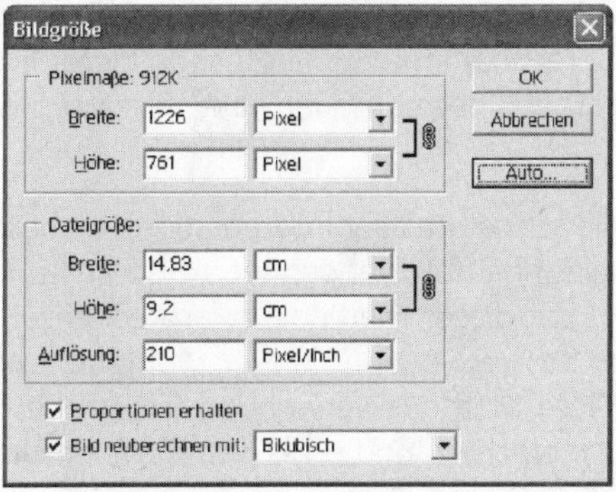

Wenn die Kontrollkästchen aktiviert sind, können neue Breite und Auflösung einfach eingeben werden. Die Höhe ändert sich automatisch entsprechend der Proportionen.

4. Geben Sie jetzt die neuen Werte – in unserem Fall bei *Breite* 13 cm und bei *Auflösung* 210 dpi – ein.

5. Wenn Sie mit *OK* bestätigt haben, wird das Bild auf die neue Größe gebracht.

Was bedeutet Interpolation?

Wenn Pixelbilder vergrößert, verkleinert, gedreht oder verzerrt werden, müssen sämtliche Positionen der einzelnen Pixel neu berechnet werden – doch nicht nur das. Je nachdem, welche Operation Sie vorgenommen haben, müssen neue Pixel eingefügt oder vorhandene Pixel gelöscht werden. Diese Rechenoperation wird Interpolation genannt.

Die richtige Interpolationsmethode wählen

Die gewählte Interpolationsmethode bestimmt, auf welche Weise die Bildpunkte neu berechnet werden. Photoshop bietet Ihnen drei verschiedene Interpolationsmethoden an: Pixelwiederholung, Bilinear und Bikubisch.

Pixelwiederholung ist die schnellste aller Interpolationsmethoden. Hierbei wird kein Antialiasing-Effekt verwendet – also keine Kantenglättung. Sie sparen mit dieser Methode zwar Rechenzeiten, aber in Bildern entsteht bei Verwendung dieser Methode schnell ein Treppcheneffekt. Diese Methode verwenden Sie am besten, wenn Sie Bilder mit waagerechten und senkrechten Linien skalieren.

Die Methode Bilinear erzeugt eine mittlere Qualität. Hierbei werden Mittelwerte benachbarter Pixel errechnet. Ich persönlich wende diese Methode nie an, da die Zeitersparnis zu gering ist, um eine niedrigere Qualität als bei Bikubisch zu rechtfertigen.

Bikubisch ist die für die meisten Bilder am besten geeignete Methode. Die Neuberechnung dauert zwar am längsten, geht aber auch am schonendsten mit den Bildern um. Sie erzielen hiermit bei Fotos die beste Qualität. Daher ist es sinnvoll, diese Methode als Standard zu definieren.

Beide Bilder wurden vergrößert. Links wurde die Pixelwiederholung verwendet, rechts die Methode Bikubisch. Der Unterschied wird deutlich: Verwenden Sie bei Geraden die Pixelwiederholung und bei Fotos Bikubisch.

Bilder nach Interpolation grundsätzlich schärfen

Das Skalieren von Bildern geht im Grunde immer mit einem Qualitätsverlust einher – bei hoch aufgelösten Bildern weniger als bei niedrig aufgelösten. Es empfiehlt sich daher anschließend immer eine leichte Schärfung mit *Filter/Scharfzeichnungsfilter/Unscharf maskieren.*

Bild außen herum erweitern

Wenn Sie nicht das Bild selbst vergrößern möchten, sondern um das Bild herum die Arbeitsfläche – quasi den Malblock erweitern möchten –, verwenden Sie den Befehl *Bild/Arbeitsfläche.* Geben Sie einfach die neuen Maße für Breite und Höhe in der Dialogbox ein und bestimmen Sie den Stützpunkt. Der Stützpunkt bestimmt, wo das Bild fixiert ist. Wenn Sie also den Stützpunkt oben links fixieren, wird das Bild auf der gegenüberliegenden Seite, also unten rechts, erweitert. Sie können diese Funktion jedoch auch umgekehrt — also zum Beschneiden von Bildern – verwenden, wenn Sie kleinere Werte angeben.

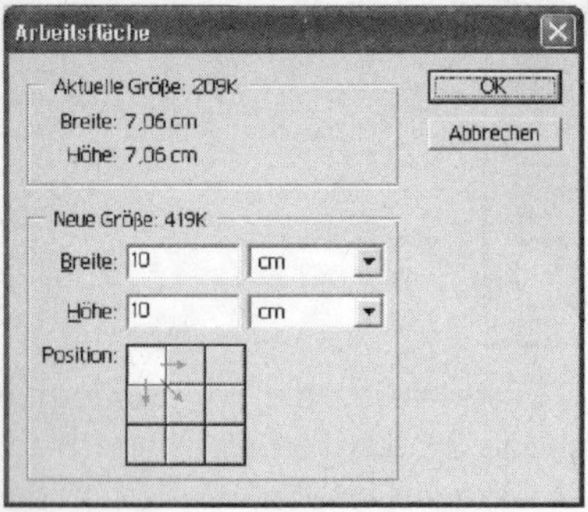

Helligkeit und Kontrast korrigieren

In Photoshop haben Sie mit *Bild/Einstellen/Helligkeit und Kontrast* die Möglichkeit, beide Werte per Schieberegler anzupassen. Manchmal muss es aber noch etwas genauer sein und man möchte Einfluss darauf nehmen können, in welchem Bereich die Kontrasterhöhung erfolgt. In diesem Fall sind die Gradationskurven sehr hilfreich, denn hier können Sie so viele Punkte, wie Sie möchten, in die Kurve einfügen und jeden einzelnen Punkt verschieben.

1. Rufen Sie mit *Bild/Einstellen/Gradationskurven* die gleichnamige Dialogbox auf. Wenn Sie nicht mit Photoshop arbeiten, finden Sie diesen Befehl meist im Menü *Bild* oder im Menü *Farben*.

2. Klicken Sie etwa in der Mitte der Geraden und ziehen Sie etwas nach oben. Dies sollte eine leichte Aufhellung des Bildes bewirken. Ist dies bei Ihnen nicht der Fall, klicken Sie auf den im Bild gekennzeichneten Doppelpfeil. Hiermit entscheiden Sie, ob ein Anheben eine Aufhellung oder eine Abdunklung bewirkt. Das könnte bei Ihrem System genau anders herum eingestellt sein.

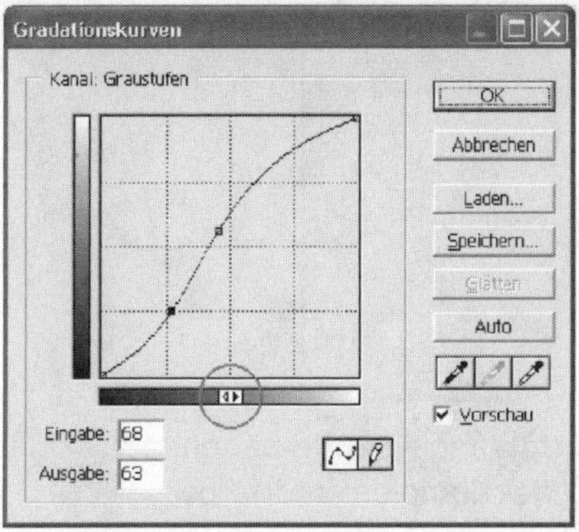

3. Eine Kontrasterhöhung entsteht immer dann, wenn helle Bildpixel weiter aufgehellt und dunkle Pixel abgedunkelt werden. Diesen Effekt erreichen Sie, indem Sie die Gradationskurve zu einem angedeuteten S formen. Klicken Sie zwischen dem in der Mitte gesetzten Punkt und dem Start der Kurve unten links. Ziehen Sie dann den neu erstellten Punkt etwas nach unten. Daraufhin erzielen Sie eine S-Form. Bestätigen Sie mit *OK*.

Quick Tipps Schwierige Lichtverhältnisse: Farbstiche ausgleichen

Die meisten Bildbearbeitungsprogramme bieten zur Korrektur von Farben viele verschiedene Werkzeuge und Funktionen an. Die „Farbbalance" ist in den allermeisten Programmen vorhanden. In Photoshop finden Sie sie – wie alle Farbkorrektur-Werkzeuge – im Menü *Bild/Einstellen.* Sie funktioniert so: Die Grundfarben liegen sich auf einer Achse gegenüber. Ein Farbstich wird ausgeglichen, indem man den Regler von der Farbe wegschiebt. Weist Ihr Bild z. B. einen Blaustich auf, schieben Sie den Regler weg von *Blau* in Richtung *Gelb*.

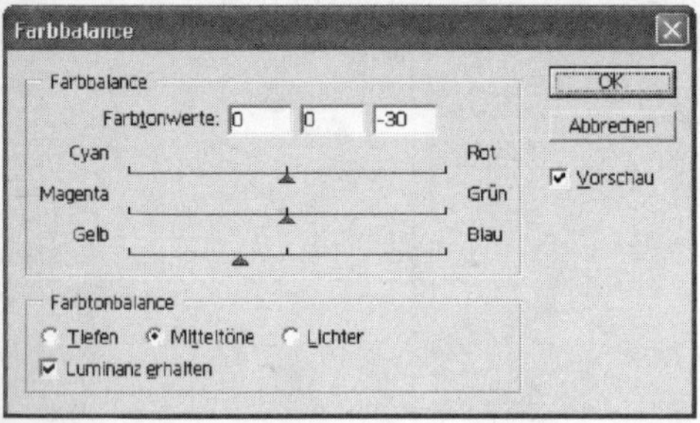

Die Grundfarben liegen sich komplementär gegenüber, schieben Sie den Regler in Richtung der Komplementärfarbe.

Farbkorrekturen und das menschliche Auge

Wenn Sie Bilder in Bezug auf Farben korrigieren, bedenken Sie, dass sich das menschliche Auge bzw. das Gehirn an Farbstiche gewöhnt und diese ausgleicht – so ähnlich wie Sie es vom automatischen Weißabgleich einer Digitalkamera kennen. Es ist daher sinnvoll, zwischendurch Pausen zu machen, bevor Sie komplizierte Farbkorrekturen fortführen.

So werden Farben strahlender: Farbe satt

Manchmal wirken Bilder flau, doch die Kontrolle über das Histogramm zeigt keine Fehler. Wenn Helligkeits- und Kontrastkorrekturen keine Verbesserung bringen, kann es sein, dass die Farben zu wenig gesättigt sind. Verwenden Sie die Dialogbox *Bild/Einstellen/Farbton/Sättigung.* Diese Funktion ist in fast allen Bildbearbeitungsprogrammen vorhanden. Der Grad der Sättigung beschreibt die Reinheit einer Farbe. Hierbei entspricht Grau dem Sättigungsgrad 0 % und die Volltonfarbe 100 %.

Wie funktionieren Schärfefilter?

Beim Schärfen von digitalen Bildern wird der Kontrast benachbarter Pixel, die unterschiedliche Helligkeitswerte aufweisen, zusätzlich erhöht.

Quick Tipps Chilli für Ihre Fotos: den richtigen Schärfefilter wählen

Am besten funktionieren die Filter *Kanten scharfzeichnen* und *Unscharf maskieren*. Diese Filter analysieren das Bild und wirken sich nur auf ohnehin kontrastreiche Bildteile aus. Am praktikabelsten ist die Wirkung von *Unscharf maskieren*, da sie sehr fein regelbar ist. Scharfzeichnen und stark scharfzeichnen wirken oft zu heftig.

Die meisten Programme beinhalten den Filter „Unscharfmaske“. In Photoshop finden Sie diesen im Menü *Filter/Scharfzeichnungsfilter/Unscharf maskieren.* Mit der Option *Radius* legen Sie fest, wie viele Pixel im Umkreis eines zu schärfenden Bereichs in die Kontrasterhöhung einbezogen werden. Je höher Sie den Wert drehen, desto mehr Pixel werden von der Schärfung berührt. Sie können einen Wert von 0,1 bis 250 Pixel wählen – doch in der Praxis bewähren sich maximal 10 Pixel. Alles darüber hinaus führt zu starker Übersättigung einzelner Pixel. Dieser Effekt kann zwar künstlerisch eingesetzt werden, führt aber bei der klassischen Bildkorrektur nicht zu einer ausgewogenen Wirkung. Grundsätzlich gilt: Je höher die Auflösung eines Bildes ist, desto höher darf der Radius sein. Wenn Sie Bilder für das Internet erstellen, die in der Regel eine Auflösung von 72 dpi aufweisen, sollte der Radius nicht über ca. 3 Pixel liegen.

Vorsicht vor Überzeichnung

Werden zu starke Scharfzeichner eingesetzt, kann es zu einer Übersättigung kommen. Dadurch entstehen Störungen und das Bild wirkt dann körnig.

Extrem unscharfe Scans retten

Auch der Fall, dass Vorlagen so unscharf sind, dass durch Schärfungsfilter nichts mehr zu retten ist, kommt in der Praxis mitunter vor. Versuchen Sie in solchen Fällen, mit dem Filter *Störungen hinzufügen* aus dem Menü *Filter/Störungsfilter* zu arbeiten. Oftmals wirkt das Bild dadurch besser als durch erneutes Schärfen.

Schärfe durch Struktur

Leider kommt es vor, dass Fotos oder Grafiken so unscharf sind, dass durch die herkömmlichen Schärfefilter keine Verbesserung mehr zu erzielen ist – im Gegenteil, es kommt zu einer Übersättigung und Körnung der Motive. In einem solchen Fall bringen Strukturierungsfilter oft Hilfe, sie erzeugen den Eindruck der Schärfe. Setzen Sie bei solchen Problemfällen einen der Filter aus dem Menü *Filter/Strukturierungsfilter* ein.

Paletten ein- und ausblenden

Die vielen Paletten der verschiedenen Programme stören manchmal durchaus bei der Arbeit. In Photoshop gibt es hier einen ganz einfachen Trick. Drücken Sie einmal auf die [Tab]-Taste: Sämtliche Paletten werden dadurch ausgeblendet. Drücken Sie die Taste erneut, blendet Photoshop die Paletten wieder ein. Für alle, die nur die Werkzeug-Palette eingeblendet lassen möchten: Halten Sie zusätzlich zur [Tab]-Taste die [Umschalt]-Taste fest.

Betonung durch Unschärfe

In der Fotografie ist die Tiefenschärfe ein gestalterisches Mittel, um den Vordergrund besonders zu betonen. Wenn der Hintergrund eines Bildes sehr unruhig wirkt, lenkt dies den Betrachter vom Hauptdarsteller im Vordergrund ab. Hier kommt der gaußsche Weichzeichner zum Einsatz. In Photoshop finden Sie ihn im Menü *Filter/Weichzeichnungsfilter.*

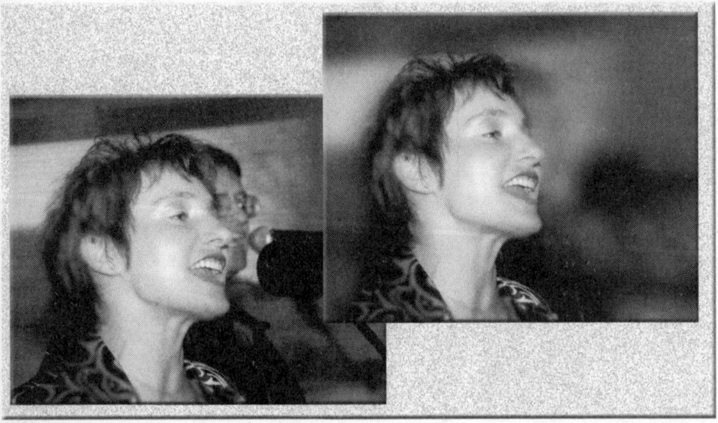

1. Öffnen Sie ein beliebiges Bild in Ihrem Bilbearbeitungsprogramm und fügen Sie mit *Ebene/Ebene duplizieren* eine Kopie der Bildebene ein.

2. Rufen Sie mit *Fenster/Ebenen einblenden* die *Ebenen*-Palette auf, damit Sie kontrollieren können, auf welcher Ebene Sie sich befinden. Ebenen werden in Photoshop per Mausklick auf den Ebenen-Namen aktiviert. Die aktive Ebene wird standardmäßig blau markiert und erhält ein kleines Pinsel-Symbol.

3. Klicken Sie die untere Ebene an und stellen Sie die obere auf unsichtbar, indem Sie auf das kleine Augen-Symbol vor der Ebene klicken. Der Pinsel zeigt an, auf welcher Ebene Sie gerade arbeiten.

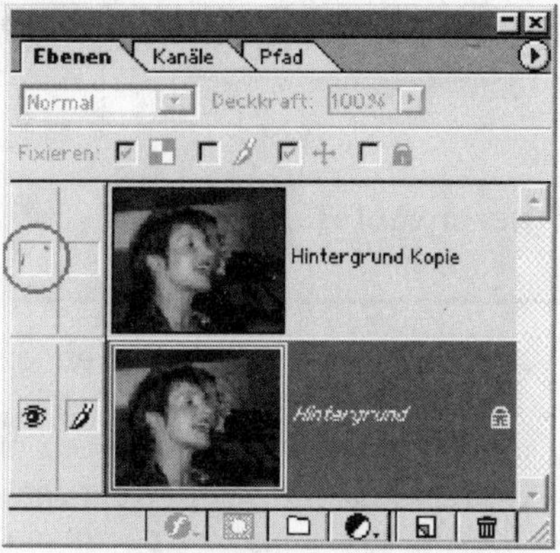

4. Wählen Sie *Filter/Weichzeichnungsfilter/Gaußscher Weichzeichner.* In diesem Beispiel haben wir einen Radius von 20 Pixeln verwendet.

5. Wechseln Sie mit einem Mausklick in der *Ebenen*-Palette zurück zur oberen Ebene, also zu *Hintergrund Kopie.* Durch das Anklicken wird die Ebene automatisch wieder auf sichtbar gestellt.

6. Aktivieren Sie das Werkzeug *Radiergummi.* In Photoshop müssen Sie nur [E] auf Ihrer Tastatur drücken, schon ist der Radiergummi aktiv.

7. Stellen Sie die Werkzeug-Optionen so ein, dass statt des Quadrats für den Radiergummi ein Pinsel eingesetzt wird. Wählen Sie eine Werkzeugspitze mit geeigneter Größe aus.

8. Radieren Sie auf der oberen Ebene den Hintergrund weg. Dadurch wird an diesen Stellen die untere, weiche Ebene sichtbar. Arbeiten Sie sich so um den Vordergrund herum. Verschmelzen Sie beide Ebenen nach dieser Arbeit mit *Ebene/ Auf Hintergrundebene reduzieren.*

Bilder gleich mit transparentem Hintergrund erstellen

Dadurch, dass Sie die Option *Transparent* aktiviert haben, erhalten Sie statt einer Hintergrundebene eine normale, „freie" Ebene. Wie bereits erwähnt, können auf Hintergrundebenen nicht alle Effekte angewandt werden. Da Sie aber im Folgenden mit dem Ebenenstil der Musterüberlagerung arbeiten, benötigen Sie eine „freie" Ebene.

Nicht wieder von vorn anfangen

Wenn Sie an einem Bild mit dem Radiergummi arbeiten, ist es hilfreich, während des Radierens die Maustaste zwischendurch loszulassen und wieder neu anzusetzen. In der Praxis passiert es immer wieder, dass, wenn große Flächen retuschiert werden sollen, ein Fehler gemacht und der letzte Schritt zurückgenommen werden muss. Dann ist die gesamte Retusche-Arbeit verloren. Wenn Sie einen Bildteil erfolgreich retuschiert haben, lassen Sie die Maustaste für einen Moment los und retuschieren dann weiter.

Die Tomate soll blau sein! – Einzelne Farben ersetzen

Falls Sie sich nicht entscheiden können, in welcher Farbe Sie Ihren Wagen lackieren möchten, testen Sie die Lackierung zunächst in Photoshop. Die Dialogbox *Farbe ersetzen* ist besonders komfortabel, wenn eine ganz bestimmte Farbe eines Bildes in Bezug auf Farbton, Sättigung oder Helligkeit geändert werden soll.

Im Schwarzweißdruck ist es zugegebener Weise schwer zu erkennen, aber der rote Wagen ist im rechten Bild hellgelb.

1. Rufen Sie *Bild/Einstellen/Farbe ersetzen* auf.

2. Klicken Sie im Bild den Farbton an, den Sie verändern möchten.

3. Regeln Sie mit dem Toleranzregler, wie stark ähnliche Farbtöne in die Auswahl mit einbezogen werden sollen.

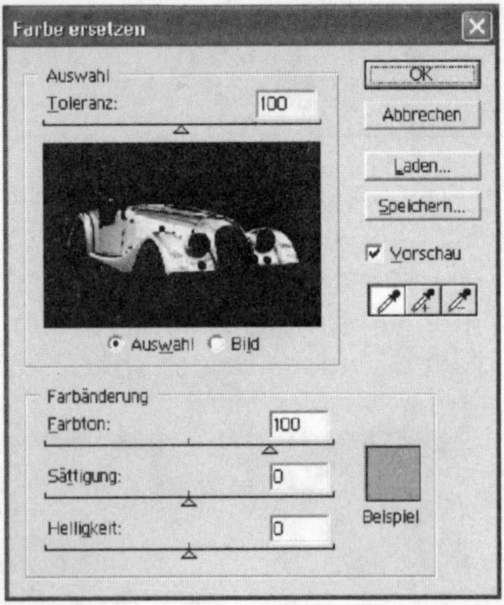

Nachdem Sie ins Bild geklickt haben, zeigt die Vorschau in der Dialogbox, welche Bereiche für die Farbänderung ausgewählt wurden.

4. Verschieben Sie die Regler *Farbton, Sättigung* und *Helligkeit.*

Manchmal geht's nicht ohne: Bildretusche mit dem Kopierstempel

Störungsfilter wie *Staub und Kratzer entfernen* funktionieren nur bei kleinen, gleichmäßigen Störungen gut. Wenn Sie größere Fusseln, Kratzer oder andere Bildfehler retuschieren möchten, ist eine manuelle Korrektur erforderlich. Ein Werkzeug, das alle bekannten Bildbearbeitungsprogramme aufweisen, ist das Stempel-Werkzeug. Manche Programme verwenden die Bezeichnung Kopierstempel, Klonen- oder Duplizieren-Werkzeug. Das Prinzip ist bei allen Programmen gleich. Sie suchen im Bild einen Bereich, den Sie als Quelle des Kopiervorgangs festlegen, und „überstempeln" dann den zu retuschierenden Bereich. Das Werkzeug wird in der Regel in der Werkzeugleiste als Stempel oder doppeltes Pinsel-Symbol dargestellt.

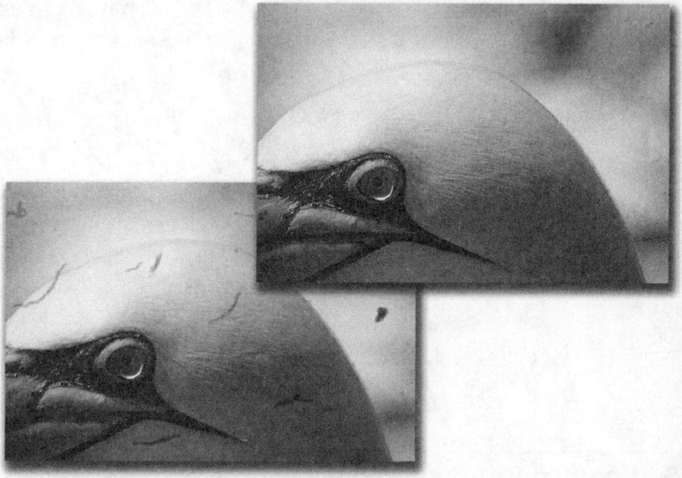

Solch schlimme Fusseln sind glücklicherweise selten, doch auf dem gleichen Weg lassen sich auch störende Straßenschilder oder Laternenmasten wegretuschieren.

1. Öffnen Sie ein beliebiges Bild.

2. Aktivieren Sie das Werkzeug *Stempel.*

3. Rufen Sie aus dem Menü *Fenster* die Werkzeug-Optionen auf.

4. Definieren Sie hier die Pinselgröße.

5. Entscheiden Sie, welchen Fussel Sie zunächst retuschieren möchten. Suchen Sie sich eine Bildstelle, die gleiche Helligkeits- und Farbwerte sowie die gleiche Struktur aufweist wie der zu retuschierende Bereich.

6. Halten Sie die Alt-Taste gedrückt und klicken Sie dann mit der linken Maustaste an der Stelle, die Sie kopieren möchten.

7. Überpinseln Sie den Fussel. Während des „Stempelns" zeigt Photoshop mit einem Kreuz an, welcher Bereich gerade kopiert wird.

Festlegen der Kopierquelle

Der Kopierstempel funktioniert in allen Bildbearbeitungsprogrammen ähnlich. Allerdings ist das Festlegen der Kopierquelle unterschiedlich zu handhaben. In manchen Programmen müssen Sie einen rechten Mausklick ausführen, in anderen ist es nötig, Strg-, Umschalt- oder Alt-Taste bei einem linken Mausklick gedrückt zu halten.

Quick Tipps Retuschieren von Verläufen

Wenn Bildfehler in Bereichen liegen, die aus Verläufen, also fließenden Übergängen bestehen, ist die Retusche häufig schwieriger. Man legt immer wieder den Kopierbereich neu fest und tastet sich an die Übergänge heran, doch es bleibt immer eine Kante sichtbar. In diesem Fall verändern Sie die Deckkraft Ihres Stempel-Werkzeugs z. B. auf 50 %. Verwenden Sie, wenn möglich, eine relativ große Pinselspitze und übermalen Sie dann die Kante mit der geringen Deckkraft. Auf diese Weise schaffen Sie es, Übergänge gleichmäßig zu gestalten.

Zoomfaktor in Bildbearbeitungsprogrammen festlegen

In den meisten Programmen können Sie die Ansicht komfortabel mit der Tastenkombination Strg+ + bzw. Strg+ - vergrößern bzw. verkleinern. Allerdings funktionieren häufig nur die Tasten auf dem Ziffernblock, nicht jedoch die des Buchstabenblocks. Falls Sie eine Rad-Maus besitzen, probieren Sie aus, ob das Zoomen auch hiermit gelingt. Viele Programme unterstützen diese Funktion.

Quick Tipps Moiré ade! – Entrastern im Bildbearbeitungsprogramm

Es kommt vor, dass Vorlagen aus bereits gedruckten Publikationen – beispielsweise Katalogen oder Postkarten – stammen. In diesem Fall ist viel Optimierungsarbeit gefragt, denn durch das Scannen gedruckter Bilder entstehen störende Muster, so genannte Moirés. Diese Moirés entstehen immer dann, wenn sich zwei Muster überlagern – der Grund, warum TV-Moderatoren keine gestreiften Anzüge tragen, denn auch hier würde der Moiré-Effekt entstehen.

Die meiste Scansoftware verfügt mittlerweile über die Funktion *Entrastern*. Wenn diese automatische Methode nicht zu guten Ergebnissen führt, entrastern Sie wie folgt einfach selbst. Die sicherste Methode, Moirés bei geringem Qualitätsverlust zu entfernen, ist, die Vorlagen mit hoher Auflösung zu scannen und dann in Photoshop die Auflösung zu reduzieren. Als Faustregel gilt: Wenn Sie die Auflösung um die Hälfte oder auf ein Drittel reduzieren, sollte das Moiré verschwunden sein. Eine Datei, die Sie für den Tintenstrahlausdruck mit 200 dpi benötigen, sollte also mit einer Auflösung von mindestens 400 dpi gescannt werden. Das Gleiche gilt für Verkleinerungen. Wenn Sie ein Bild wie hier von 12 cm auf 6 cm Breite reduzieren können, ist in den meisten Fällen kein Moiré mehr erkennbar.

1. Scannen Sie eine Vorlage mit einer beliebigen Software – in diesem Fall ein CD-Cover im Format 12 × 12cm – in Originalgröße mit einer Auflösung von 600 dpi ein.

2. Um die Rasterpunkte schon vor der Datenreduktion zu glätten, bearbeiten Sie das Bild einmal mit *Filter/Weichzeichnungsfilter/Weichzeichnen*.

3. Rufen Sie den Befehl *Bild/Bildgröße* auf und geben Sie in das Feld *Breite* den benötigten Wert von 6 cm ein. Damit wird der Scan auf ein Fünftel der Dateigröße reduziert. Achten Sie darauf, dass die beiden Kontrollkästchen *Proportionen erhalten* und *Bild neuberechnen mit: Bikubisch* aktiviert sind. Verringern Sie die Auflösung auf 300 dpi und bestätigen Sie mit *OK*.

4. Nach der Neuberechnung ist das Moiré verschwunden. Da diese Operationen eine Weichzeichnung bewirkt haben, verwenden Sie als Finish den Befehl *Filter/Scharfzeichnungsfilter/Unscharf maskieren*. Stellen Sie eine Stärke von 50 % bei einem Radius von 1 Pixel und den Schwellenwert 0 ein.

Nur beim Zoomfaktor 100 % kann das Moiré beurteilt werden

Wenn Sie die Schritte zum Entfernen von Moirés durchgeführt haben, beurteilen Sie den Scan bei einem Zoomfaktor von 100 %. Bei jedem anderen Zoomfaktor darf das Moiré noch sichtbar sein. Die 100 %-Darstellung zeigt die Druckqualität.

Schlechter Scanner – weniger Moiré

Wahrscheinlich ist dies das einzige Beispiel, bei dem ein schlechterer Scanner die besseren Ergebnisse bringt :-) Je exakter der Scanner arbeitet, desto besser werden die einzelnen Rasterpunkte erkannt und desto stärker macht sich das Muster bemerkbar. Dies gilt übrigens auch für die Auflösung.

Eine höhere Auflösung ist zwar nötig, um nach dem Scan die Daten wieder reduzieren zu können, doch man sollte Auflösungen über 600 dpi vermeiden. Alles, was darüber hinausgeht, erschwert das Entfernen des Moirés.

Die Vorlage bleibt scharf: Nur einzelne Farbkanäle weichzeichnen

Wie gesagt, Moirés entstehen durch Überlagerung zweier Raster. Da jede Farbe in einem Bild einen eigenen Winkel hat, fällt das Muster in den einzelnen Farbkanälen unterschiedlich stark aus. Manchmal kann es hilfreich sein, im RGB-Modus nur den Blaukanal weichzuzeichnen.

In diesem Beispiel muss der Gelbkanal am stärksten weichgezeichnet werden. Cyan und Schwarz hingegen benötigen nur eine leichte Weichzeichnung. Durch separate Weichzeichnung der Kanäle schonen Sie die Detailzeichnung des Bildes.

Schiefe Vorlage = weniger Moiré

An anderer Stelle in diesem Buch haben wir darauf hingewiesen, dass Vorlagen möglichst gerade in den Scanner gelegt werden sollten.

Bei Moirés ist alles anders: Da das Drehen ebenfalls durch Interpolation berechnet wird, verschwindet das Moiré zum Teil schon beim Geradedrehen.

Quick Tipps Pop-Art mit dem Schwellenwertregler

Pop-Art-Bilder zeichnen bestimmte Eigenschaften aus: klare Linien, große farbige Flächen und wenig Details. Wenn Sie eine Fotografie zu einem Pop-Art-Poster umwandeln möchten, wandeln Sie Ihr Bild zunächst in eine Strichzeichnung um, sodass möglichst nur noch schwarze Umrisse und weiße Flächen vorhanden sind.

Die Flächen füllen Sie dann mithilfe des Füllwerkzeugs mit verschiedenen Farben. Wenn Sie mit dem Füllwerkzeug arbeiten, ist es wichtig, dass die Flächen, die Sie füllen möchten, geschlossen sind. Das Ergebnis wirkt dann wie eine Comic-Zeichnung.

1. Wählen Sie den Befehl *Bild/Einstellen/Schwellenwert.*

2. Verschieben Sie den Regler *Schwellenwert* so, dass die Strichumsetzung für Ihr Bild ideal ist. Bestätigen Sie die Dialogbox.

3. Aktivieren Sie das Pinsel-Werkzeug.

4. Korrigieren Sie die Strichumsetzung, indem Sie mit Weiß und Schwarz als Vordergrundfarbe malen.

5. Aktivieren Sie das Füllwerkzeug.

6. Rufen Sie dazu mit *Fenster/Farbfelder einblenden* die Farb-Palette auf.

7. Wählen Sie beliebige Farben aus und füllen Sie die Flächen im Bild mit einem Mausklick.

Schwarz und Weiß als Vordergrundfarbe tauschen

Durch Drücken von [X] auf Ihrer Tastatur wechseln Sie zwischen Vorder- und Hintergrundfarbe. Diese Tastaturbefehle werden auch Shortcuts genannt.

Es erscheint zunächst etwas mühselig, Shortcuts auswendig zu lernen, aber mit der Zeit gehen sie automatisch in Fleisch und Blut über und beschleunigen die Arbeit ungemein.

Vorarbeit versus Detailverlust

Die Umwandlung einer Fotografie in den Strichmodus (1 Bit) geht immer mit großen Detailverlusten einher, da plötzlich statt Millionen von Farben nur noch zwei Farben zur Verfügung stehen.

Aus diesem Grund ist es manchmal sinnvoll, eine gewisse Vorarbeit zu leisten. Bestimmte Einzelheiten würden bei der Umwandlung verloren gehen, wenn der Kontrast zur Umgebung zu gering ist.

Zeichnen Sie solche Details z. B. mit einem der Pinsel-Werkzeuge nach. Bei dem Beispielbild könnten z. B. Augenbrauen oder Lidstrich verstärkt und Haarsträhnen aufgehellt werden.

Auch Glanzlichter der Augen wirken stärker, wenn sie vor der Umwandlung etwas aufgehellt werden.

Wellen-Schrift als Stimmungsmacher

Seit Photoshop 6.0 können Sie Schrift auch wellig gestalten. Aktivieren Sie das Textwerkzeug, klicken Sie in das Bild und tippen Sie Ihren Text. Wenn Sie ihn jetzt mit *Auswahl/Alles auswählen* markieren, können Sie ihn gestalten. Im Menü *Fenster* finden Sie die Werkzeug-Optionen. Diese Leiste beinhaltet neben der normalen Schriftformatierung auch die unscheinbare Schaltfläche *Verkrümmten Text erstellen*. Diese wird durch ein *T* über einer gebogenen Linie symbolisiert.

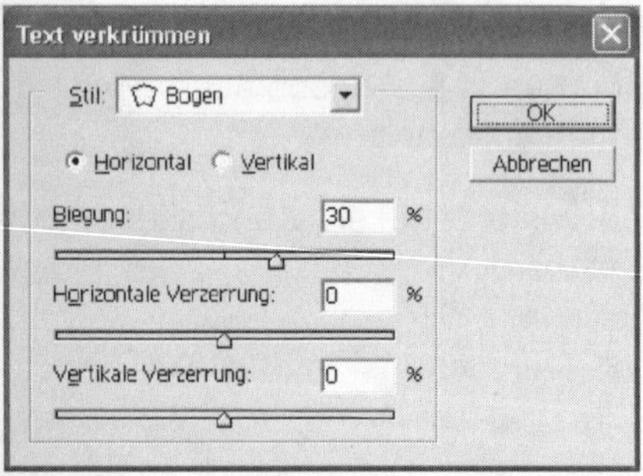

Im Listenfeld *Stil* liefert Photoshop Ihnen viele verschiedene Textformen.

Erst nach Bestätigung der Textänderung kann weitergearbeitet werden

Falls Sie mit Photoshop-Versionen bis zur Version 5.5 oder anderen Bildbearbeitungsprogrammen arbeiten, öffnet sich zum Erstellen des Textes eine eigene Dialogbox. Wenn Sie diese Dialogbox mit *OK* schließen, ist auch die Texteingabe bestätigt. Seit der Version von Photoshop 6.0 ist das anders. Sie schreiben direkt im Bild, ohne dass sich eine Dialogbox öffnet. Wenn Sie jetzt die Texteingabe bestätigen möchten, müssen Sie das Häkchen-Symbol in der Leiste *Werkzeug-Optionen* anklicken. Alternativ dazu bestätigt auch ein Werkzeug-Wechsel oder ein Ebenen-Wechsel die Textbearbeitung.

Die Wortaussage mit Bildmasken unterstützen

Dieses Beispiel lebt von zwei Ebenen: dem Text und der darüber liegenden Bildebene. Durch eine Ebenen-Gruppierung wird das Bild in Textform beschnitten.

1. Öffnen Sie eine beliebige Bilddatei.

2. Aktivieren Sie das Textwerkzeug.

3. Klicken Sie in das Bild und erfassen Sie einen beliebigen Text. Gestalten Sie die Schrift. Sie sollte möglichst stark sein, dann kommt der Effekt besser raus.

4. Fügen Sie der Textebene den Stil *Ebene/Ebenenstil/Abgeflachte Kante und Relief* hinzu.

5. Das Bild muss über den Text geschoben werden. Dazu müssen Sie die Hintergrundebene in eine freie Ebene umwandeln.

6. Öffnen Sie mit *Fenster/Ebenen einblenden* die *Ebenen*-Palette.

7. Doppelklicken Sie in der *Ebenen*-Palette auf *Hintergrund*.

8. Bestätigen Sie die darauf folgende Dialogbox mit *OK*.

9. In der *Ebenen*-Palette sollte jetzt die Ebene *Hintergrund* in die *Ebene 0* gewandelt worden sein – es sei denn, Sie haben ihr einen neuen Namen gegeben.

10. Klicken Sie die *Ebene 0* in der *Ebenen*-Palette an, halten Sie die Maustaste gedrückt und ziehen Sie sie in der Palette hoch bis direkt über die Textebene.

11. In dem Moment, in dem Sie die Maustaste loslassen, wird die Bildebene über der Textebene eingefügt.

12. Wählen Sie *Ebene/Mit darunterliegender Ebene gruppieren.* Das Bild wird in Textform konvertiert.

13. Wählen Sie *Ebene/Sichtbare auf eine Ebene reduzieren*, um beide Ebenen miteinander zu verschmelzen.

Text bleibt editierbar

Der besondere Punkt bei der Arbeit mit Ebenen-Gruppierungen liegt darin, dass der Text jederzeit editierbar bleibt. Sie können den Text jederzeit bearbeiten.

Erst nach Rastern können Sie Filter auf Text anwenden

Bildbearbeitungsprogramme arbeiten pixelorientiert. Das heißt, ein Bild ist aus einer Vielzahl von Bildpunkten zusammengesetzt. Die Anzahl der Punkte richtet sich nach der gewählten Auflösung.

In den meisten Bildbearbeitungsprogrammen werden Texte zunächst als Vektoren eingefügt. Dadurch bleiben die Texte editierbar, d. h., Sie können nachträglich Textänderungen vornehmen.

Als Rendern oder Rastern bezeichnet man das Umrechnen von Vektoren in Pixel. Sie finden den Befehl im Menü *Ebene/Rastern/Text*. Dies ist nötig, wenn Sie auf Textebenen z. B. Filter anwenden möchten.

Weichzeichnungsfilter für romantische Stimmung

Besonders schöne Eindrücke entstehen, wenn Sie Effekt-Filter nicht auf das gesamte Bild anwenden, sondern nur auf bestimmte, ausgewählte Bereiche. In diesem Fall kommt der gaußsche Weichzeichner zum Einsatz.

Sie können aber auch jeden anderen Filter anwenden. Der Effekt wirkt bei Porträts besonders schön. Maskieren Sie wichtige Konturen wie Augen, Mund und Nase und wenden Sie auf die übrigen Bereiche den gaußschen Weichzeichner an.

1. Öffnen Sie ein beliebiges Bild und wechseln Sie in den Maskierungsmodus. Sie erreichen dies in Photoshop, indem Sie [Q] auf Ihrer Tastatur drücken.

2. Aktivieren Sie das Pinsel-Werkzeug und wählen Sie eine geeignete Pinselspitze aus.

3. Übermalen Sie jetzt mit Schwarz als Vordergrundfarbe die Bereiche des Fotos, die Sie vor der späteren Bearbeitung mit dem Filter schützen möchten.

4. Wechseln Sie durch erneutes Drücken von [Q] zurück in den Standardmodus.

5. Wählen Sie *Filter/Weichzeichnungsfilter/Gaußscher Weichzeichner.*

Wenn einmal nicht reicht: Filter ohne Menü-Odyssee erneut anwenden

Photoshop setzt den zuletzt benutzten Filter grundsätzlich als obersten Eintrag ins Menü *Filter*. So haben Sie schnellen Zugriff darauf, wenn Sie den gleichen Filter auf ein neues Bild anwenden möchten.

Sie lösen ihn auch mit der Tastenkombination Strg+F aus. Häufig kommt es vor, dass zwar der gleiche Filter, aber mit anderen Einstellungen eingesetzt werden soll.

In diesem Fall wählen Sie Strg+Alt+F, dadurch öffnet sich die Dialogbox des Filters und Sie können die Einstellungen an das Bild anpassen.

Zu viel des Guten: Filter prozentual abschwächen

Es gibt in Photoshop einige Bilder, die nicht per Schieberegler einzustellen sind, sondern grundsätzlich auf das gesamte Bild mit gleicher Stärke wirken. Über einen Umweg können Sie diese Filter dennoch abschwächen.

Nachdem Sie einen beliebigen Filter angewendet haben, erscheint im Menü *Bearbeiten* ein weiterer Menüpunkt: *Verblassen.* Diese *Verblassen*-Funktion orientiert sich immer am vorigen Filter. Wenn Sie diese Dialogbox aufrufen, können Sie Filter prozentual zurücknehmen und auch verschiedene Malmodi darauf anwenden.

Die Rettung bei schlechtem Wetter: leuchtende Solarisationseffekte

Ganz besonders faszinierend sind Effekte, die entstehen, wenn man Filter zufällig miteinander mischt oder wie hier mit einer Tonwertkorrektur bearbeitet.

Dieser Effekt ist allerdings wirklich nur künstlerisch einzusetzen, als Korrektur-Werkzeug funktioniert er seltener. Die Solarisation taucht Ihre Bilder in eine dramatische Stimmung.

1. Öffnen Sie ein beliebiges Bild – je trüber das Original ist, desto faszinierender fällt meist der Effekt aus.

2. Wählen Sie *Filter/Stilisierungsfilter/Solarisation.*

3. Rufen Sie *Bild/Einstellen/Auto-Tonwertkorrektur* auf.

Steinige Flächen erstellen

Wenn Sie den Hintergrund oder Strukturelemente Ihrer Website mit einem Hintergrund versehen möchten, der die Anmutung einer Steinoberfläche hat, erreichen Sie das mit Photoshop mit wenigen Handgriffen. Der Trick liegt wieder mal in der Kombination zweier Filter.

1. Erstellen Sie eine leere Datei mit beliebigen Maßen.
2. Stellen Sie Schwarz als Vordergrundfarbe und Weiß als Hintergrundfarbe ein.
3. Wählen Sie dann *Filter/Renderingfilter/Wolken.*
4. Rufen Sie *Filter/Stilisierungsfilter/Relief* auf und gestalten Sie das Relief mit einer Höhe von 5 Pixeln und einer Stärke von 500 %.
5. Wählen Sie daher *Filter/Scharfzeichnungsfilter/Scharfzeichnen.*

6. Wählen Sie *Bild/Einstellen/Farbton/Sättigung*. Aktivieren Sie das Kontrollkästchen *Färben.* Verändern Sie die Farbeinstellungen nach Ihren Wünschen.

7. Wenden Sie jetzt *Filter/Strukturierungsfilter/Risse* mit einem Abstand von 20, einer Tiefe von 6 und einer Helligkeit von 9 an.

Rote-Augen-Effekt ausgleichen

Glücklicherweise kommt der ungeliebte Rote-Augen-Effekt in der Praxis nicht mehr so häufig vor, da die neueren Kameras diesen mit ihrer Blitztechnik verhindern. Sollten Sie doch Bilder mit diesem Effekt in Ihrem Fundus haben, lässt sich mithilfe Ihrer Bildbearbeitungssoftware eine unkomplizierte Korrektur vornehmen. Viele Programme bieten hierzu auch automatische Korrekturen an, diese funktionieren aber leider nicht immer gut.

1. Aktivieren Sie das Werkzeug Auswahl-Ellipse.

2. Markieren Sie mit der Auswahl-Ellipse die Pupille.

3. Wählen Sie *Bild/Einstellen/Farbton/Sättigung.* Verschieben Sie den Regler *Sättigung* auf den Wert -100.

4. Wählen Sie *Bild/Einstellen/Helligkeit/Kontrast.* Verringern Sie die Helligkeit.

Arbeit mit Zusatztasten

Wenn Sie mit dem gewöhnlichen Lasso arbeiten, müssen Sie auf die Vorzüge des Polygon-Lassos nicht verzichten. Wenn Sie bei der Arbeit die [Alt]-Taste gedrückt halten, verwandelt sich das normale Lasso in das Polygon-Lasso. Es lohnt sich bei allen Werkzeugen, die Funktionalität der Tasten [Strg], [Alt] und [Umschalt] auszuprobieren. Sie bieten häufig gute Hilfen an. Verwenden Sie in Photoshop den Befehl *Fenster/Informationsleiste einblenden*. Wenn Sie daraufhin ein beliebiges Werkzeug aktivieren und dann eine der Tasten (oder deren Kombination z. B. [Strg]+[Alt]) drücken, wird Ihnen in der Informationsleiste angezeigt, was diese Tasten bewirken.

Stimmungsvoll: Bilder mit Verläufen kolorieren

Sowohl für analoge als auch für Digitalkameras sind die unterschiedlichsten Farbfilter erhältlich. Mit Ihrer Bildbearbeitungssoftware sind Sie allerdings flexibler und können die unterschiedlichsten Farben und Verlaufsarten einsetzen.

1. Rufen Sie die *Ebenen*-Palette und die Palette *Farbfelder* auf.

2. Erstellen Sie eine neue Ebene.

3. Aktivieren Sie das Verlaufswerkzeug.

4. Wählen Sie in den Werkzeug-Optionen die Art des Verlaufs.

5. Klicken und ziehen Sie jetzt auf der neuen Ebene.

6. Wählen Sie in der *Ebenen*-Palette aus dem Listenfeld *Füllmethode* den Eintrag *Ineinanderkopieren* aus.

Passepartout: schicke Rahmen im Handumdrehen

Möchten Sie Ihren Bildern besondere Rahmen verleihen? Photoshop bietet mit dem Filter *Schwingungen* zahlreiche Möglichkeiten, individuelle Rahmen zu gestalten.

1. Öffnen Sie eine beliebige Datei. Laden Sie mit *Fenster/Ebenen einblenden* die *Ebenen*-Palette.

2. Wandeln Sie die Hintergrundebene durch einen Doppelklick in die *Ebenen*-Palette in eine freie Ebene um.

3. Wählen Sie *Auswahl/Alles auswählen,* um das gesamte Bild zu markieren.

4. Da für die Erstellung des Bilderrahmens lediglich eine Umrandung ausgewählt sein soll, rufen Sie den Befehl *Auswahl/Auswahl verändern/Umrandung* auf.

5. Geben Sie in der Dialogbox eine Breite von 60 Pixel ein und bestätigen Sie mit *OK*.

6. Wechseln Sie durch Drücken von [Q] auf Ihrer Tastatur in den Maskierungsmodus.

7. Wählen Sie *Bild/Einstellen/Schwellenwert.*

8. Belassen Sie die Einstellung in der Dialogbox auf dem Wert 128 und bestätigen Sie mit *OK*.

9. Rufen Sie den Befehl *Schwingungen* aus dem Menü *Filter/Verzerrungsfilter* auf.

10. Verwenden Sie beliebige Einstellungen.

11. Wechseln Sie jetzt durch erneutes Drücken von [Q] zurück in den Normalmodus.

12. Wählen Sie *Bearbeiten/Löschen*.

13. Um auch dieses Bild plastischer wirken zu lassen, wählen Sie *Ebene/Stil/Abgeflachte Kante und Relief* und bestätigen die Standardeinstellungen.

Plastische Bildrahmen

Auch dieser Rahmeneffekt ist mit wenigen Mausklicks gestaltet. Sie erstellen eine beliebige Auswahl, löschen den umliegenden Bereich und wenden dann Ebenenstile darauf an. Probieren Sie diesen Effekt auch mit rechteckiger und unregelmäßiger Auswahl aus.

Egal ob oval oder rechteckig, solche konturierten Rahmen wirken immer edel.

1. Öffnen Sie eine beliebige Datei.
2. Wählen Sie *Ebene/Neu/Ebene aus Hintergrund*.
3. Erstellen Sie eine beliebige Auswahlmarkierung.
4. Invertieren Sie die Auswahl, indem Sie *Auswahl/Auswahl umkehren* wählen.
5. Drücken Sie die [Entf]-Taste, sodass die Bereiche außerhalb des Kreises gelöscht werden.
6. Heben Sie danach die Auswahl auf.
7. Wählen Sie *Ebene/Ebenenstil/Abgeflachte Kante und Relief*.
8. Klicken Sie anschließend in der gleichen Dialogbox in der Liste links den Eintrag *Kontur* an.
9. Öffnen Sie im Bereich *Elemente* das Listenfeld mit einem Klick auf den Listenpfeil. Wählen Sie die Kontur *Doppelter Ring* aus.
10. Verschieben Sie anschließend den Schieberegler *Bereich* auf den Wert von 100 %.

Motive vergrößern: Fotos durch Spiegelung erweitern

Schwer zu entlarven: Das rechte Bild ist durch Spiegelung erweitert worden.

Benötigen Sie ein Bild, das eine bestimmte Größe hat, das Original ist aber nicht breit genug? Im Layouter-Alltag kommt dieses Problem häufiger vor. Wenn ein Bild breiter werden muss, es aber in der Höhe nicht zu beschneiden ist wie bei dem Beispielbild, müssen Sie in die Retusche-Trickkiste greifen. Solche Bilder allein mit dem Kopierpinsel zu erweitern ist relativ mühselig.

Der Trick liegt darin, dass Sie den Randteil des Bildes kopieren, einfügen und spiegeln. Dadurch sind Helligkeits- und Farbwerte der Anschlüsse schon ideal. Sie müssen nur noch die verräterischen Kanten retuschieren.

Besser faxen mit Rasterung

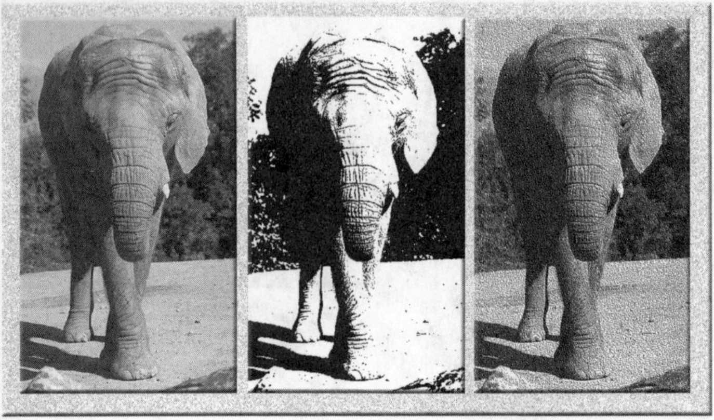

Links sehen Sie das Original, in der Mitte die herkömmliche Faxfassung und ganz rechts die Methode Diffusion-Dither.

Will man Fotos faxen, hat man ein Riesenproblem. Da das Faxgerät nur Schwarz und Weiß darstellen kann, kommt das Foto beim Empfänger oft nur schemenhaft an. Auf jeden Fall gehen wichtige, schöne Details verloren. Aus anderen Projekten kennen Sie vielleicht schon die Funktion *Schwellenwert* bei der Umwandlung in Bitmaps, hier wird stattdessen die Methode *Diffusion-Dither* eingesetzt. Wählen Sie *Bild/Modus/Bitmap*.

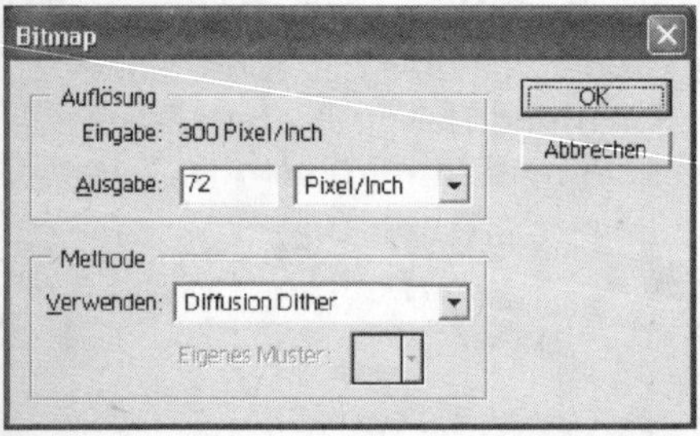

Sie wollen's genau wissen? Partielle Belichtungsfehler ausgleichen

Durch schwierige Lichtverhältnisse kommt es vor, dass Bilder ungleichmäßig belichtet werden. Wie in unserem Beispiel ist dann etwa die obere Bildhälfte optimal ausgeleuchtet, während der untere Teil stark abfällt und zu dunkel erscheint. Versucht man, dieses Bild insgesamt in Bezug auf Helligkeit und Kontrast zu bearbeiten, fällt immer ein Teil zu hell oder zu dunkel aus. Die große Rettung bei diesem Problem sind Verlaufsauswahlen. Diese generieren Sie, indem Sie das Verlaufswerkzeug im Maskierungsmodus verwenden. Im Maskierungsmodus können Sie alle Werkzeuge und Filter einsetzen. Sie bearbeiten hierbei aber nicht die eigentlichen Bildpixel, sondern die Auswahl.

1. Aktivieren Sie das Velaufswerkzeug.
2. Wählen Sie in den Werkzeug-Optionen den Verlauf *Vorder- zu Hintergrundfarbe.*
3. Klicken Sie die Option *Linearer Verlauf* an.
4. Stellen Sie Vorder- und Hintergrundfarbe auf Schwarz und Weiß ein.
5. Klicken Sie die Schaltfläche *Maskierungsmodus* an.
6. Klicken Sie im oberen Teil des Bildes und ziehen Sie bis zur unteren Kante.
7. Wechseln Sie zurück in den Standardmodus.
8. Wählen Sie *Bild/Einstellen/Tonwertkorrektur.* Schieben Sie den Regler für die Mitteltöne nach links, bis das Bild ausgeglichen aussieht.

Der Hintergrund muss weg: Haare freistellen

Die Funktion *Extrahieren* in Photoshop gibt es erst seit der Version 5.5. Vorher war das Freistellen von Haaren extrem schwierig. Es erforderte komplizierte Detailarbeit aus einer Kombination von Zauberstab, Lasso und Bearbeitung im Maskierungsmodus.

Nicht nur Porträts oder das Fell eines Tiers lassen sich auf diese Weise freistellen, auch andere Motive wie etwa Pflanzen lassen sich mit der Funktion *Extrahieren* auf komfortable Weise bearbeiten.

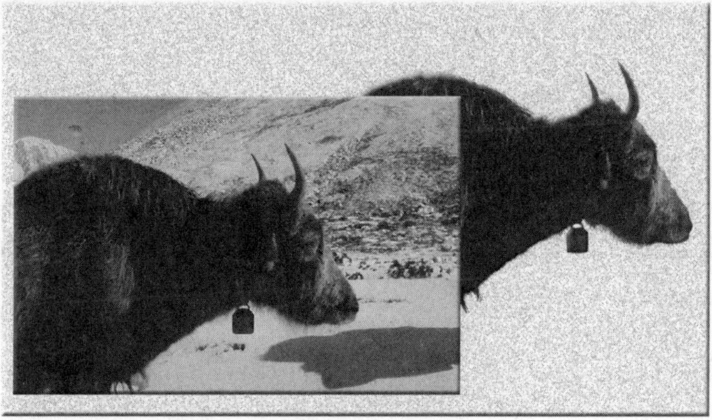

1. Wählen Sie den Befehl *Bild/Extrahieren.*
2. Aktivieren Sie das Werkzeug *Kantenlicht.* Markieren Sie die Kante des Tiers.
3. Aktivieren Sie das Füllwerkzeug. Klicken Sie damit innerhalb des Umrisses.
4. Klicken Sie auf die Schaltfläche *Vorschau.*
5. Optimieren Sie die Kanten mit den Werkzeugen *Bereinigen* und *Kantenverfeinerer.*

Hintergrundebenen bieten nicht alle Funktionen

Wenn Sie eine TIF- oder JPG-Datei öffnen, beinhaltet diese grundsätzlich nur eine Ebene, die Hintergrundebene. Dateien mit mehreren Ebenen können von diesen Formaten nicht verwaltet werden. Hintergrundebenen haben weniger Fähigkeiten als andere Ebenen. Zum Beispiel kann man hier keine Transparenz einstellen. Wenn Sie mit der Funktion *Extrahieren* arbeiten, wird der Hintergrund entfernt und eine Transparenz erstellt. Aus diesem

Grunde wandelt Photoshop die Hintergrundebene automatisch in eine freie Ebene um. Deshalb müssen Sie die Datei vor dem Speichern als TIF oder JPG zunächst mit dem Befehl *Ebene/Auf Hintergrundebene reduzieren* bearbeiten.

Übernatürliches: Bilder nahtlos ineinander blenden

Bei dieser Technik blenden Sie zwei Bilder ineinander, sodass völlig neue Landschaften entstehen. Für die Überblendung verwenden Sie die Technik der Ebenenmaskierung. Mit einer Ebenenmaske blenden Sie Teile einer Ebene aus. Ebenenmasken bleiben permanent enthalten. Die maskierten Bereiche werden aus dem Bild ausgeblendet, ohne dass die Bildinformation verloren geht. Ebenenmasken können jederzeit verändert werden.

1. Kopieren Sie zwei beliebige Bilder deckungsgleich übereinander.
2. Wählen Sie den Befehl *Ebene/Ebenenmaske hinzufügen/Nichts maskiert.*
3. Aktivieren Sie das Verlaufswerkzeug.
4. Definieren Sie folgende Einstellungen: *Linearer Verlauf, Vorder- zu Hintergrundfarbe, Modus Normal* und *Deckkraft 100%.*
5. Stellen Sie Schwarz als Vordergrund- und Weiß als Hintergrundfarbe ein.
6. Ziehen Sie in der Ebenenmaske einen Verlauf von oben nach unten.
7. Verschmelzen Sie die Ebenen mit *Ebene/Auf Hintergrundebene reduzieren.*

Dateien kopieren

Alle Programme bieten verschiedene Wege, Dateien oder Teile davon zu kopieren. Hier wurde gerade die Methode „Markieren, Kopieren, Einfügen" verwendet. Sie können die Bilder auch per Drag & Drop zusammenfügen, indem Sie mit dem Verschieben-Werkzeug das eine Bild anklicken und dann in das andere Bild ziehen. Eine weitere Möglichkeit ist, bei beliebigem Werkzeug die Bildminiatur in der *Ebenen*-Palette anzuklicken und dann in das andere Bild zu ziehen. Wenn Sie hierbei zusätzlich die [Umschalt]-Taste gedrückt halten, wird das Bild exakt in der Bildmitte positioniert.

Begrenzungslinien ein- und ausblenden

Die gestrichelte Linie, die die Auswahl markiert, stört manchmal bei der Beurteilung des Motivs. Sie können sie schnell ein- und ausblenden, indem Sie den Tastaturbefehl Strg+H verwenden.

Nicht nur für die Hochzeitszeitung: Verbiegen und Verflüssigen

Die Arbeit mit diesem Effekt ist immer wieder ein großer Spaß. Aus Rücksicht haben wir beschlossen, das Beispiel an einem Porträt aus dem Tierreich vorzuführen. Rufen Sie jetzt den Befehl *Verflüssigen* auf. Sie finden ihn im Menü *Bild*. Experimentieren Sie mit den verschiedenen Werkzeugen.

Auswahl speichern

Wenn Sie im TIF- oder PSD-Format arbeiten, wird eine gespeicherte Auswahl erhalten. Auch wenn Sie die Datei schließen und wieder öffnen, können Sie die gespeicherte Auswahl mit *Auswahl/Auswahl laden* wieder aktivieren.

Quick Tipps Problemlöser – Troubleshooting

Es gibt in Bildbearbeitungsprogrammen einige Fallen, in die Anfänger und Profis von Zeit zu Zeit gleichermaßen tappen. Man möchte ein Bild bearbeiten und plötzlich geht nichts mehr. Falls es Ihnen auch mal so geht, machen Sie den Troubleshooting-Check. Gehen Sie folgende Punkte durch, in 90 % der Fälle lösen Sie damit sämtliche Photoshop-Probleme:

1. Beachten Sie die Titelleiste! In fast allen Programmen werden Dateien mit einer Titelleiste versehen. Es ist die Informationsleiste am oberen Rand Ihrer Datei bzw. Ihres Bildes. Die erste Information, die sie Ihnen liefert, ist, ob die Datei aktiv ist. Bei aktivierter Datei wird die Titelleiste standardmäßig blau gefärbt, anderenfalls ist sie grau dargestellt.
2. Ist eine Auswahl aktiv? Manchmal passiert es, dass man mit dem Zauberstab versehentlich ins Bild klickt und nur ein einziger Pixel ausgewählt wird. Diesen sieht man nicht auf den ersten Blick und man wundert sich, warum Werkzeuge oder Filter nicht funktionieren. Wenn Sie unsicher sind, ob Sie eine Auswahl aktiv haben, wählen Sie *Auswahl/Auswahl aufheben.*
3. Checken Sie die Werkzeug-Optionen! Die gemeinste Fehlerquelle sind die Werkzeug-Optionen. Hier kann es sein, dass eine falsche Pinselspitze ausgewählt, der Modus verstellt oder die Deckkraft extrem gering ist.
4. Befinden Sie sich auf der richtigen Ebene? Kontrollieren Sie unbedingt, auf welcher Ebene Sie sich befinden. Möglicherweise ist in der *Ebenen*-Palette auch etwas verstellt – z. B. ist hier eine falsche Füllmethode eingestellt oder die Option *Transparente Bereiche schützen* ist aktiv.
5. Wie sind Vorder- und Hintergrundfarbe eingestellt? Dies passiert gern im Maskierungsmodus: Manchmal malt man und fragt sich, warum der Farbauftrag falsch ist. Schauen Sie, ob Sie die gewünschten Farben eingestellt haben.

6. Wie groß ist die aktive Werkzeug-Spitze? Eine winzig kleine oder riesengroße Werkzeug-Spitze ist ebenfalls eine beliebte Fehlerquelle.

Gesättigte Bereiche mit dem Schwamm bearbeiten

Neben der CYMK-Vorschau haben Sie außerdem die Möglichkeit, sich die nichtdruckbaren Farben markieren zu lassen. Dies erreichen Sie mit dem Befehl *Ansicht/Farbumfang-Warnung.* Wenn Sie diesen Befehl gewählt haben, markiert Photoshop all die Bereiche grau, die nicht druckbar sind. Dies ist allerdings lediglich eine Ansicht, die Sie jederzeit widerrufen können, an den Bilddaten wird dadurch nichts verändert. Möchten Sie die markierten Farben in den druckbaren Bereich verschieben, aktivieren Sie dazu das Werkzeug *Schwamm.* Stellen Sie die Werkzeug-Optionen auf Ihre Anforderungen ein und „überpinseln" Sie die grau markierten Bereiche. Sie sehen, dass die eigentliche Farbe wieder zum Vorschein kommt – allerdings in weniger gesättigter Fassung.

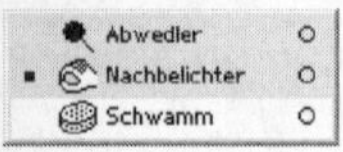

Mit dem Werkzeug *Schwamm* bearbeiten Sie all die Bereiche, die von der Farbumfangwarnung grau markiert wurden. Überfahren Sie die markierten Bereich so lange, bis die Markierung aufgehoben wird.

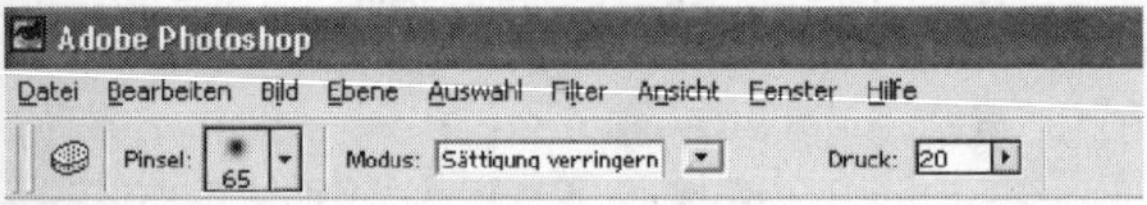

Es ist wichtig, dass die Werkzeug-Optionen des Schwamms auf *Sättigung verringern* stehen und nur ein relativ geringer Druck verwendet wird.

9. Kreative Motive direkt vom Scanner

Mit Ihrem Flachbettscanner können Sie nicht nur Bilder und Text scannen. In diesem Kapitel finden Sie Anregungen für bunte und kreative Motive direkt vom Flachbettscanner.

Top 10 – Kreative Motive: Tipps & Tricks

Sensibler Umgang mit Schrift

Schrift reagiert sehr empfindlich auf geringe Auflösung, daher sollten Sie bei Ihrer Unterschrift an dpi nicht sparen. Verwenden Sie je nach Druckverfahren zwischen 400 und 800 dpi.

Quick Tipps Autogrammstunde – Unterschrift für die Textverarbeitung scannen

Der erste wichtige Punkt bei diesem Thema ist, dass Sie einen möglichst hohen Kontrast zwischen Schrift und Papier erzeugen. Verwenden Sie daher einen schwarzen oder dunkelblauen Stift, mit dem Sie auf weißem Papier unterschreiben. Das Papier sollte eher etwas dicker sein, damit es sich nicht wellt und im Scan Schattierungen erscheinen. Ebenso wichtig ist es, auf eine glatte Papieroberfläche zu achten, sodass Ihr Schwung nicht von der Papierstruktur gebremst wird. Es gibt übrigens im Schreibwarenhandel sehr schöne, kalligrafische Stifte, mit denen Unterschriften besonders edel wirken. Viele davon sind relativ günstig, sodass Sie einen schönen Kalligrafie-Stift schon ab 2 bis 5 Euro bekommen können.

1. Legen Sie die Vorlage – also Ihre Unterschrift – auf den Scanner und starten Sie Ihr Scanprogramm.

2. Falls die Software die Vorschau nicht automatisch scannt, klicken Sie auf *Prescan* oder *Voransicht* bzw. die entsprechende Schaltfläche in Ihrem Scanprogramm.

3. Ziehen Sie ein Markierungsrechteck auf, das die gewünschte Unterschrift markiert.

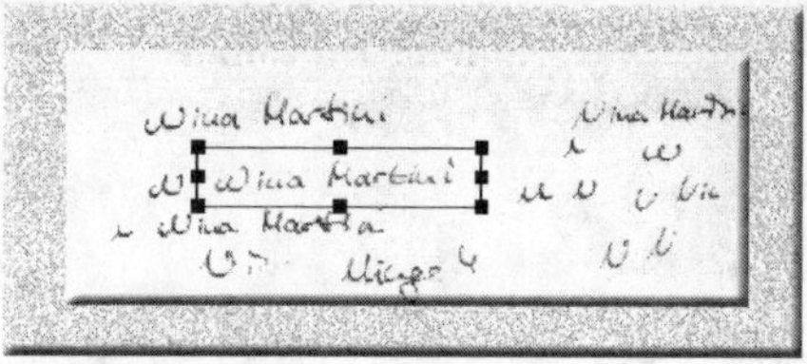

4. Wir verwenden hier eine Auflösung von 600 dpi bzw. – je nach Scanprogramm – ppi. Wählen Sie als Farbmodus den Modus *Graustufen* bzw. *8-Bit* aus.

Der Scan wird gleich in Photoshop in den Schwarzweiß- bzw. 1-Bit-Modus umgewandelt. Wir bleiben nur deshalb zunächst im Graustufenmodus, damit wir die Strichstärke der Unterschrift noch beeinflussen können. Im 1-Bit-Modus belegen Bilder so wenig Speicherplatz, dass auch die hohe Auflösung kaum negativ auffällt.

5. Starten Sie den Scanvorgang, indem Sie auf *Scan* bzw. die entsprechende Schaltfläche klicken.
6. Schließen Sie das Scanprogramm und speichern Sie das Bild mit *Datei/Speichern unter* als TIF-Datei ab.

Die Unterschrift im Bildbearbeitungsprogramm optimieren

1. Öffnen Sie das Bild in einem Bildbearbeitungsprogramm wie z. B. Photoshop. Das Szenario wird anhand von Photoshop beschrieben, in anderen Programmen funktionieren die Schritte aber adäquat. In Corel PHOTO-PAINT z. B. müssen Sie statt des Schwellenwertreglers den Befehl *Bild/Ändern/Grenzwert* benutzen und die Option *Beidseitig* anklicken.

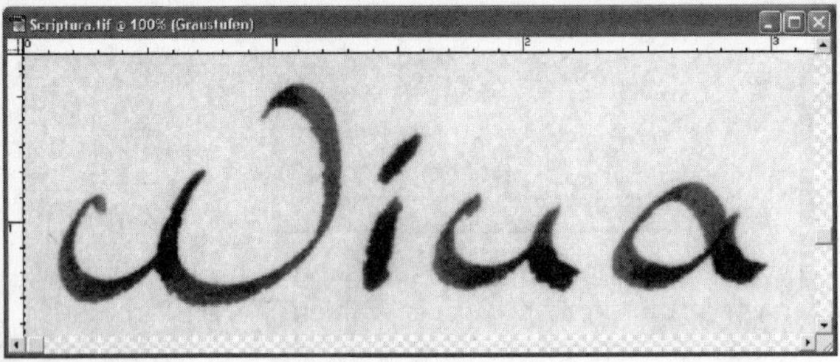

Dadurch, dass Papier niemals rein weiß ist und Tinte nicht absolut schwarz deckend, sind in der Vergrößerung verschiedene Graustufen erkennbar. Hätten wir die Vorlage direkt im Schwarzweißmodus gescannt, wäre dies nicht der Fall. Durch den Umweg über die Graustufen ist die Strichstärke der Unterschrift jetzt noch regelbar.

2. Wählen Sie *Bild/Einstellen/Schwellenwert.* Achten Sie darauf, dass das Kontrollkästchen *Vorschau* aktiv ist, und verschieben Sie den Schwellenwertregler. Beobachten Sie die Auswirkungen auf die Schrift. Je nachdem, ob Sie den Regler nach links oder rechts schieben, sollte die Schrift feiner oder fetter werden. Entscheiden Sie sich für die gewünschte Strichstärke und bestätigen Sie die Dialogbox mit *OK.*

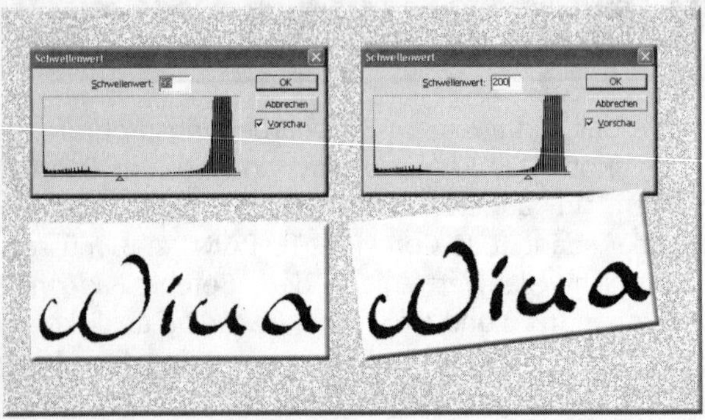

Kleiner, aber feiner Unterschied: Die Strichstärke lässt sich mit dem Schwellenwertregler beeinflussen.

3. Sie sind schon fast am Ziel. Durch die Anwendung des Befehls *Schwellenwert* wurden sämtliche Graustufen entfernt und je nach Schwellenwert in Schwarz oder Weiß umgewandelt. Sie befinden sich allerdings noch im Modus *Graustufen* (8 Bit). Wandeln Sie jetzt mit *Bild/Modus/Bitmap* das Bild in den 1-Bit-Modus um. In diesem Modus benötigen Zeichnungen besonders wenig Speicherplatz.

4. Photoshop fragt Sie, auf welche Weise Sie die Umwandlung durchführen möchten. Achten Sie darauf, dass Eingabe- und Ausgabe-Auflösung gleich sind – also in diesem Fall 600 dpi. Im Bereich *Methode* wählen Sie aus dem Listenfeld *Verwenden* den Eintrag *Schwellenwert 50%.* Da Sie den Schwellenwert bereits geregelt haben, wird sich dies nicht mehr auf die Strichstärke auswirken.

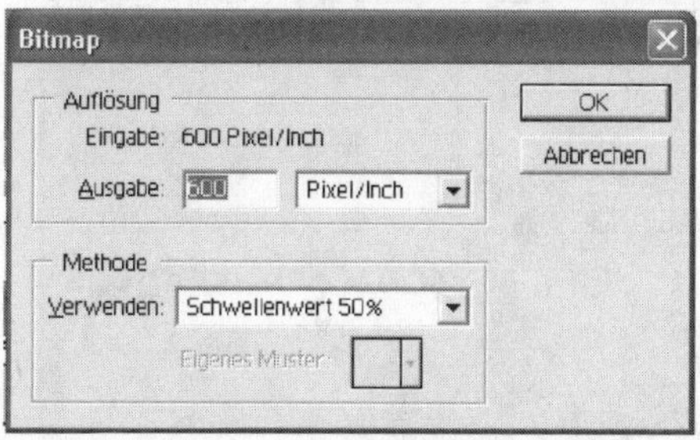

5. Ihre Unterschrift ist perfekt bearbeitet. Da Sie zuvor schon das Format TIF festgelegt haben, müssen Sie die Datei nur noch speichern und schließen.

Die Unterschrift in Word einbauen

Im vorherigen Tipp wurde Ihre Unterschrift so vorbereitet, dass Sie sie einfach in Ihr Textverarbeitungsprogramm integrieren und z. B. unter einen Brief setzen können.

1. Starten Sie Word und schreiben Sie einen Brief bzw. öffnen Sie ein bereits gespeichertes beliebiges Dokument.

2. Bewegen Sie sich mit dem Textcursor bis an das Ende des Briefs, also an die Position, an der die Unterschrift eingefügt werden soll.

3. Wählen Sie den Befehl *Einfügen/Grafik/Aus Datei*. Sie erhalten eine Dialogbox, in der Sie die vorher gespeicherte Datei suchen müssen. Klicken Sie die Datei an und wählen Sie dann rechts unten in der Dialogbox die Schaltfläche *Einfügen*.

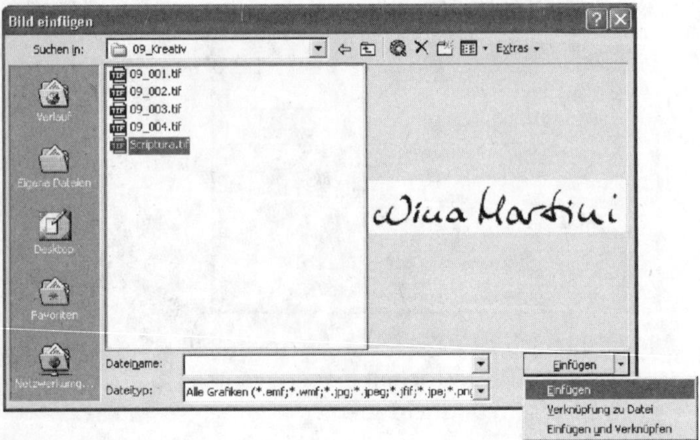

Mit der Schaltlfläche *Einfügen* nehmen Sie die gesamte Bilddatei in die Datei auf. Sie wird mit der Word-Datei gespeichert, sodass Sie sie z. B. auf einem anderen Rechner öffnen können, ohne dass die Originaldatei zur Verfügung stehen muss. Wenn Sie stattdessen auf *Verknüpfung zu Datei* klicken, wird lediglich eine Verknüpfung, also ein Beschreibungspfad, der auf den Speicherort des Bildes verweist, eingefügt. Verknüpfungen sind hilfreich, wenn Sie viele und speicherintensive Bilder in Word platzieren möchten, ohne die Dateigröße des Word-Dokuments unnötig zu erhöhen.

Die Unterschrift in Word in der Größe anpassen

Skalierung ist der Oberbegriff für Vergrößerungen und Verkleinerungen. Je nach Auflösung und Originalgröße Ihres Scans ist es möglich, dass die Unterschrift in Word zu groß oder zu klein erscheint. Skalieren Sie den Scan in diesem Falle mit einer der beiden folgenden Methoden:

1. Klicken Sie den Unterschriftscan mit der Maus an. Er sollte jetzt markiert dargestellt sein. Das erkennen Sie daran, dass das Bild mit acht Knotenpunkten an den Ecken und auf Mitte der Geraden versehen wird.

2. Um den Scan proportional zu skalieren, klicken Sie mit der linken Maustaste einen Eckpunkt an und ziehen dann. Vorsicht: Wenn Sie stattdessen einen der Punkte auf der Geradenmitte verwenden, wird das Bild unproportional verzerrt, aus einem Kreis würde also eine Ellipse.

3. Eine weitere Möglichkeit für alle, die lieber nummerisch arbeiten, ist folgende: Klicken Sie den Scan mit der rechten Maustaste an. Daraufhin öffnet sich ein so genanntes Kontextmenü.

4. Wählen Sie aus diesem den Eintrag *Grafik formatieren.* Sie landen in einer Dialogbox, in der Sie oben das Register *Größe* anklicken müssen. Daraufhin können Sie Breite oder Höhe direkt in Millimetern eingeben. Wenn Sie das Kontrollkästchen *Seitenverhältnis* aktiviert haben, wird der andere Wert entsprechend geändert, ohne das Bild zu verzerren. Es sollte immer aktiviert sein, da man die Grafik in den seltensten Fällen unproportional verzerren möchte.

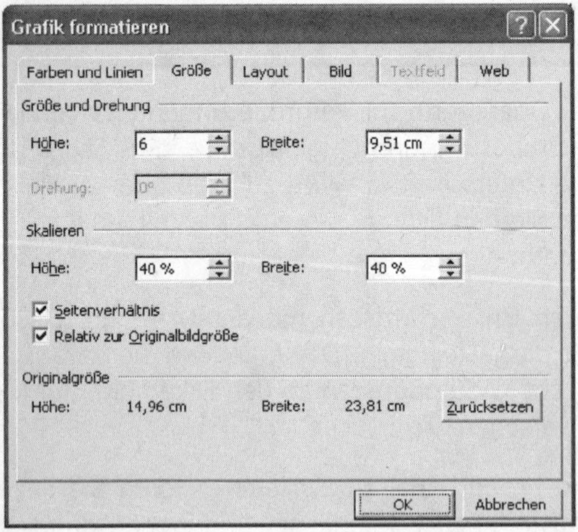

Strichstärke noch stärker beeinflussen

Ein zusätzlicher Tipp: Im vorigen Beispiel wurde gezeigt, wie man mithilfe des Schwellenwertreglers die Strichstärke beeinflussen kann. Wenn der Kontrast zwischen Schrift bzw. Zeichnung und Hintergrund sehr stark ist, sind die Auswirkungen des Schwellenwertreglers mitunter gering. In diesem Fall verstärken Weichzeichnungsfilter den Effekt. Wenden Sie vor der Schwellenwert-Umwandlung z. B. *Filter/Weichzeichnungsfilter/Stark weichzeich-*

nen an. Der Übergang von Schrift zu Hintergrund wird damit geglättet und bei der Schwellenwert-Umsetzung ist die Wahl der Strichstärke flexibler.

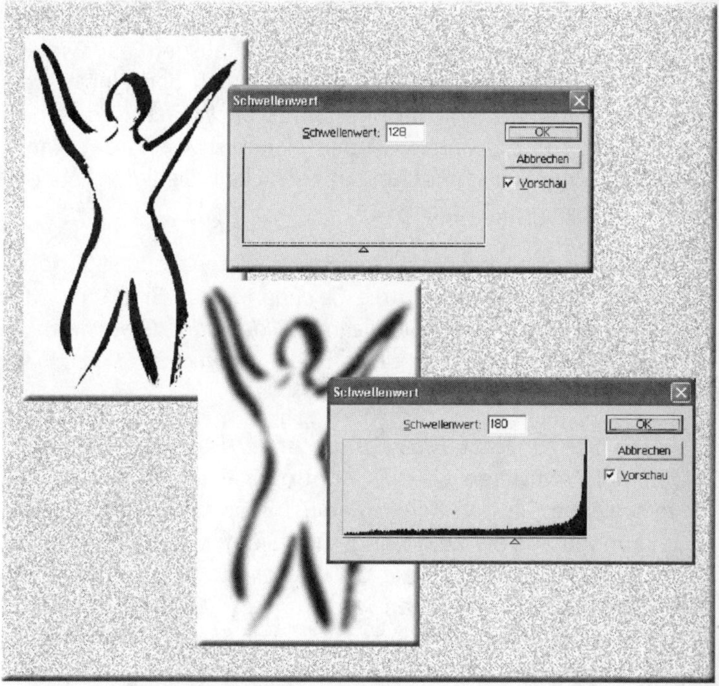

An der oberen Dialogbox erkennt man, dass keine Grautöne vorhanden sind, mit dem Schwellenwertregler ist keine Veränderung der Strichstärke möglich. Durch das Anwenden des gaußschen Weichzeichners auf das Bild sind Zwischentöne entstanden, die in der Tonkurve erkennbar sind. Mit dem Schwellenwertregler kann jetzt die Strichstärke verändert werden.

Unsaubere Ränder glätten

Im vorigen Beispiel haben Sie eine Unterschrift gescannt. In der Vergrößerung fiel auf, dass die Schrifträmder durch das Zusammenspiel von Papiersorte und Tinte leicht ausgefranst wirken. Solche ausgefransten Kanten lassen sich durch den Einsatz verschiedener Filter glätten. Die Filter *Staub und Kratzer entfernen* und *Helligkeit interpolieren* wurden eigentlich – wie der Name schon sagt – für Verschmutzungen entwickelt. Sie liefern aber in diesem Beispiel gute Ergebnisse.

1. Öffnen Sie eine beliebige Zeichnung, deren Ränder Sie glätten möchten. Wenn sich die Zeichnung im 1-Bit-Bitmap-Modus befindet, müssen Sie sie mit *Bild/Modus/Graustufen* in den 8-Bit-Modus umwandeln. Leider funktionieren im 1-Bit-Modus keine Filter.

2. Rufen Sie zunächst *Filter/Störungsfilter/Helligkeit interpolieren* auf. Aktivieren Sie das Kontrollkästchen *Vorschau* und verschieben Sie den Regler *Radius*. Beobachten Sie die Auswirkungen auf die Zeichnung. Sind Sie mit dem Ergebnis zufrieden, bestätigen Sie mit *OK*. Dieser Filter neigt stärker als andere dazu, Zeichnungen „abzurunden". Sollten Sie mit dieser Abrundung unzufrieden sein, klicken Sie auf *Abbrechen*.

3. Wählen Sie stattdessen *Filter/Störungsfilter/Staub und Kratzer entfernen.* Hier steht Ihnen neben dem Radiusregler zusätzlich der Schwellenwertregler zur Verfügung. Testen Sie verschiedene Werte dieser Regler und beobachten Sie, ob das Ergebnis besser wird als mit der Helligkeitsinterpolation. Bei einem hohen Schwellenwert werden kleine Unsauberkeiten ignoriert und nur größere Ausbuchtungen geglättet.

Wichtig zu wissen ist, dass diese Filter nicht im 1-Bit-Bitmap-Modus funktionieren. Sie müssen sie also im 8-Bit-Graustufenmodus einsetzen.

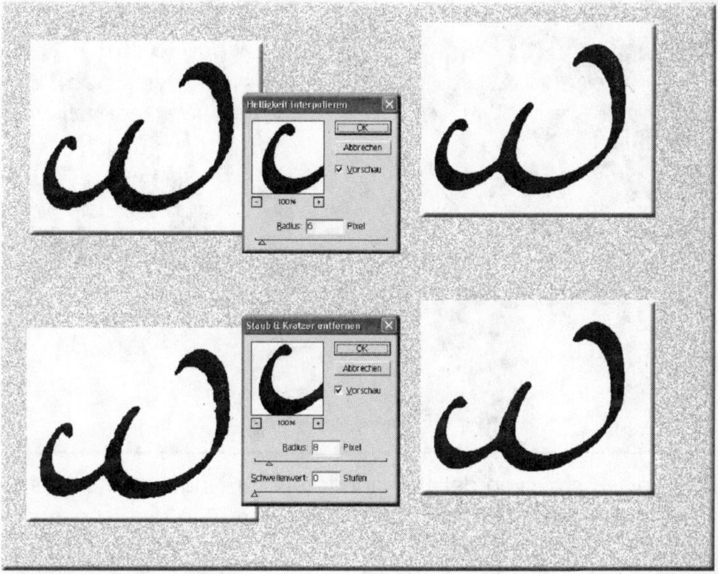

Der Strand auf dem Papier – witzige Hintergründe scannen

Solange es nicht die Glasplatte beschädigt, lassen sich alle möglichen Oberflächen mit dem Flachbettscanner scannen. Das Beispiel der Alufolie wirkt immer sehr schön z. B. als Hintergrund für eine Fotocollage. Wenn Sie harte Materialien wie etwa Sand oder kleine Steine einscannen, müssen Sie lediglich beachten, dass Sie den Scanner hinterher lieber absaugen anstatt zu wischen.

Damit verhindern Sie, dass feine Kratzer die Glasplatte beschädigen.

Total plastisch – von der Baumrinde bis zur Nudelpfanne entstehen interessante Texturen, besonders wenn Sie diese noch mit Filtereffekten versehen.

Die Glasscheibe mit Folie schützen

Wann immer Sie Objekte scannen, die die Glasplatte beschädigen könnten, verwenden Sie eine transparente Schutzschicht, die Sie auf die Glasplatte legen. Diese könnte z. B. aus Folie oder Plexiglas sein. Sogar Flüssigkeiten lassen sich scannen, wenn Sie diese in einem gut verschlossenen Gefrierbeutel scannen.

Fliesen legen – Hintergrundkacheln schnell gestaltet

Sie haben ein attraktives Foto geschossen, das Sie gern als Hintergrund für Ihre Website anlegen würden? Wichtig ist, dass bei der Kachelung keine Schnittkanten zu erkennen sind. Wie Sie dies erreichen, erfahren Sie jetzt.

Mit dem Verschiebungseffekt und dem Kopierstempel erzeugen Sie solche Endlosmuster ohne Schnittkanten.

1. Öffnen Sie ein beliebiges Bild.

2. Legen Sie mit dem Freistellungswerkzeug den gewünschten Ausschnitt fest.

3. Rufen Sie den Befehl *Bild/Bildgröße* auf.

4. Kontrollieren Sie die Größe in Pixeln.

5. Wählen Sie *Filter/Sonstige Filter/Verschiebungseffekt.*

6. Geben Sie in die Eingabefelder *Horizontal* und *Vertikal* jeweils die Hälfte der zuvor kontrollierten Pixelwerte ein und klicken Sie die Option *Durch verschobenen Teil ersetzen* an.

7. Aktivieren Sie den Kopierstempel.

8. Halten Sie die [Alt]-Taste gedrückt und klicken Sie an der Stelle im Bild, die Sie über die Kanten kopieren möchten.

9. Überpinseln Sie dann die Schnittkanten.

10. Wählen Sie den Befehl *Auswahl/Alles auswählen.*

11. Legen Sie mit *Bearbeiten/Muster festlegen* die Auswahl als Muster fest.

12. Füllen Sie eine beliebige Fläche mit dem Muster.

Discjockey – Obst und Gemüse in Scheiben scannen

Alles, was flach ist, lässt sich mit dem Flachbettscanner besonders gut einlesen. Obst und Gemüse, in Scheiben geschnitten wird besonders scharf, wenn Sie es direkt scannen. Es ist gar nicht nötig, bei solchen Objekten den Umweg über ein Analog- oder Digitalfoto zu gehen.

Wichtig ist, dass Sie ein scharfes Messer verwenden, damit das Fruchtfleisch nicht gequetscht wird. Die Scheibe sollte so dünn wie möglich sein, dann schließt die Scanner-Abdeckung relativ gut und es gibt keine Probleme mit Schattenwurf.

1. Legen Sie die Obst- oder Gemüsescheibe möglichst in die Mitte des Scanners. Zu den Rändern der Glasplatte sollte sicherheitshalber ein gewisser Abstand gehalten werden. So vermeiden Sie, dass doch etwas Fruchtsaft in Zwischenräume gelangt.

2. Decken Sie die Fruchtscheiben in jedem Fall ab, damit der Scanner-Deckel nicht verschmutzt wird. Es bietet sich eine weiße – in jedem Fall eine einfarbige – Pappe an, damit Sie das Objekt gut freistellen, also den Hintergrund entfernen können.

3. Starten Sie den Scanvorgang, stellen Sie den gewünschten Farbmodus ein und verwenden Sie die gleiche Auflösung in dpi, die Sie auch für Farbfotos verwenden würden – sprich: ca. 300 dpi bei Verwendung in Originalgröße. Scannen Sie so Scheibe für Scheibe ein.

Quick Tipps Dreidimensionale Objekte scannen

Möchten Sie in die nächste Dimension eintauchen? Mit ein paar Tricks werden diese ebenfalls gestochen scharf. Eines der großen Probleme ist, dass bei hohen Objekten die Scanner-Abdeckung nicht schießt und somit Umgebungslicht einfallen kann.

Häufig genügt es, eine große Pappe über das Objekt zu legen. Sollte dies wegen der Höhe des Objekts nicht gut funktionieren, verwenden Sie ein einfarbiges Tuch, oder, wenn Sie kein Tuch zur Hand haben, ein einfarbiges T-Shirt oder Bettlaken ;-)

Es könnte allerdings passieren, dass die Struktur des Stoffs ein Moiré bewirkt. Wenn Sie das Objekt hinterher nicht freistellen, entfernen Sie das Moiré wie in Kapitel 3 beschrieben.

Filigrane Objekte mit Abstandshalter scannen

Es ist durchaus möglich, auch filigrane Objekte wie etwa Blüten zu scannen. In diesem Fall müssen Sie einen Abstandshalter basteln, damit diese nicht beschädigt werden. Verwenden Sie auch hier eine sehr leichte Papier- oder Tuchabdeckung und stellen Sie den nötigen Abstand zur Scanner-Abdeckung z. B. mit vier Korken her.

Sehr gut funktioniert in diesem Fall ein kleiner, einfarbiger Karton, den man über das Objekt stülpt, dann müssen Sie die Scanner-Klappe gar nicht schließen.

1. Ich habe für die Rosenblüte eine kleine Box aus weißem Karton gebastelt. Sie benötigen dazu lediglich ein quadratisches Stück Karton, bei dem Sie vier gleich lange Schnitte mit dem Messer oder Skalpell einfügen. Klappen Sie dann alle Außenseiten nach oben und kleben Sie die so entstehenden Laschen auf dem Rücken der Nachbarseite fest. Orientieren Sie sich hierbei an der Abbildung.

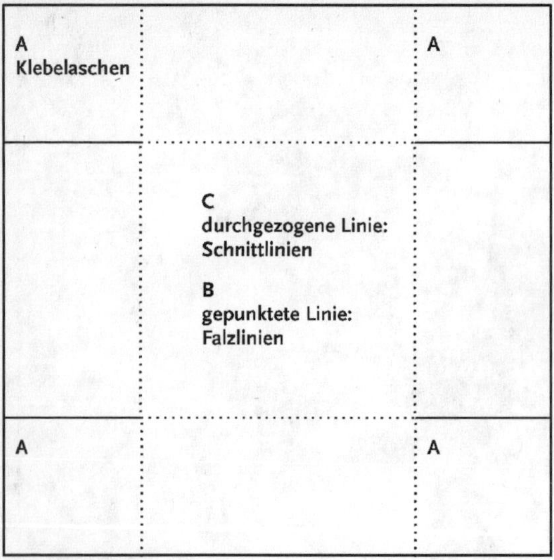

Es kann hilfreich sein, die Falzlinien nicht wirklich zu knicken, sondern nur zu biegen, denn auch die Knick-Kanten werden vom Scanner aufgefangen.

2. Da die Blüte nicht vergrößert werden soll, wurde sie mit 300 dpi eingescannt. Mit dieser Auflösung können Sie sie sowohl für den Tintenstrahldrucker als auch für die professionelle Druckausgabe nutzen.

Objekte in Photoshop nachbearbeiten

1. Nach dem Scannen wurde die Blüte in Photoshop geöffnet. Da die Ausleuchtung des Scanners nur einige Zentimeter reicht, erscheint die weiße Abdeckung leider grau. Markieren Sie diesen einfarbigen Hintergrund, um ihn anschließend zu entfernen.

2. Als Auswahlwerkzeug wählen Sie den Zauberstab. Dieser befindet sich in Photoshop an zweiter Position von oben links in der Werkzeug-Palette. Fast alle Bildbearbeitungsprogramme verfügen über das Zauberstab-Werkzeug.

3. Zunächst müssen die Werkzeug-Optionen eingestellt werden. Mit *Fenster/Werkzeug-Optionen einblenden* ruft man diese Leiste auf. Es hat sich eine Toleranz von 30 bewährt. Die Zauberstab-Toleranz entscheidet darüber, wie stark die Helligkeitsunterschiede in einer Fläche sein dürfen, damit der Zauberstab sie als eine Fläche auswählt.

4. Mit einem Klick in den Hintergrund können Sie schon den größten Teil der Fläche auswählen. Da unten links noch zwei Stellen fehlen, müssen Sie die [Umschalt]-Taste festhalten und zusätzlich in diese Stellen klicken. Durch das Halten der [Umschalt]-Taste wurden die anderen Stellen der Auswahl hinzugefügt.

5. Es steht zu befürchten, dass nach dem Löschen der Umriss der Rose durch die harte Auswahl ein Treppcheneffekt aufweisen könnte. Zeichnen Sie daher mit dem Befehl *Auswahl/Weiche Auswahlkante* unter Verwendung eines 2-Pixel-Radius die Auswahl weich.

6. Vor dem Löschen muss man noch darauf achten, dass als Hintergrundfarbe Weiß eingestellt ist. In Photoshop erreicht man das am schnellsten durch Drücken der Taste [D] auf der Tastatur. [D] stellt immer die Standardfarben Schwarz/Weiß für Vorder- und Hintergrundfarbe her. Wählen Sie anschließend einfach *Bearbeiten/Löschen* und wählen Sie dann *Auswahl/Auswahl aufheben*.

7. Als letzten Schliff wird die Rosenblüte mit *Filter/Scharfzeichnungsfilter/Unscharf maskieren* unter folgender Einstellung geschärft: Stärke: 150, Radius: 1,5 und Schwellenwert 10 Stufen.

8. Mit Tonwertkorrektur und Gradationskurven können Sie keine echte Verbesserung erzielen. Setzen Sie daher zur Erhöhung der Kontraste einen Beleuchtungsfilter ein: *Filter/Renderingfilter/Beleuchtungseffekte.* Orientieren Sie sich an der Abbildung, wenn Sie den gleichen Effekt einsetzen möchten:

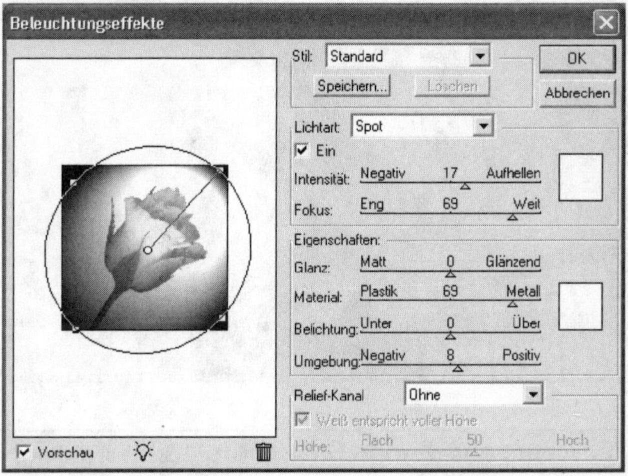

Quick Tipps Komposition: Bildcollagen auf dem Scanner

Ein wirklich schönes Geschenk an den Reisepartner ist es, Souvenirs auf dem Scanner zu drappieren, einzuscannen und das Composé auf dem Tintenstrahldrucker auszudrucken. Dann fehlt nur noch ein passender Rahmen und das Mitbringsel ist perfekt. Auch hier legen Sie am besten ein großes Tuch über die Collage. Hier kann es vielleicht sogar in die Gestaltung mit einbezogen werden.

Damit nichts aus dem Rahmen fällt – Bilderrahmen mit dem Scanner selbst erzeugen

Lustige Bilderrahmen sind schnell gestaltet, vielfältig und ein wirklich schöner Blickfang. Streuen Sie einfach Konfetti auf den Scanner und platzieren Sie ein Foto mittendrin.

Auch solche Alu-Bilderrahmen wie in der Abbildung sind im Handumdrehen gebastelt. Lassen Sie sich inspirieren und probieren Sie die unterschiedlichsten Materialien aus. Viel Spaß beim Experimentieren!

Lassen Sie Ihrer Fantasie freien Lauf: Ob Konfetti, Alufolie, Blätter oder Muscheln aus dem Sommerurlaub, individuelle Rahmen bringen Spaß!

Zuppelkante für die Navigationsleiste Ihrer Website

Verwenden Sie relativ dickes Papier oder Karton und reißen Sie entlang einer Seite, sodass eine fransige Kante entsteht. Scannen Sie dieses Papier mit der gewünschten Auflösung – für Websites mit 72 dpi, für den Druck, etwa in einer Broschüre, mit ca. 300 dpi und basteln Sie diese in das Layout.

Gerissene Kanten wirken z. B. für Navigationsleisten auf Ihrer Website attraktiv.

Zerknitterte Fotos simulieren

Kaum jemand bringt es übers Herz, ein schönes Foto zu zerknüllen – der Effekt kann aber durchaus reizvoll sein. Diesen Widerspruch lösen Sie mit einem einfachen Photoshop-Effekt.

1. Verwenden Sie ein einfaches Blatt Papier – etwa 80 g-Druckerpapier. Zerknüllen Sie dieses Blatt Papier nach Herzenslust, entknüllen Sie es wieder und legen Sie das knittrige Blatt in Ihren Flachbettscanner.

2. Überlegen Sie, welche Auflösung Sie benötigen. Das Papier muss in der gleichen Auflösung gescannt werden, die das Zielbild aufweist. Verwenden Sie als Modus 8-Bit bzw. den Graustufenmodus.

3. Achten Sie schon darauf, dass Sie einen Ausschnitt markieren, der möglichst exakt die Größe und die Proportionen des Bildes aufweist.

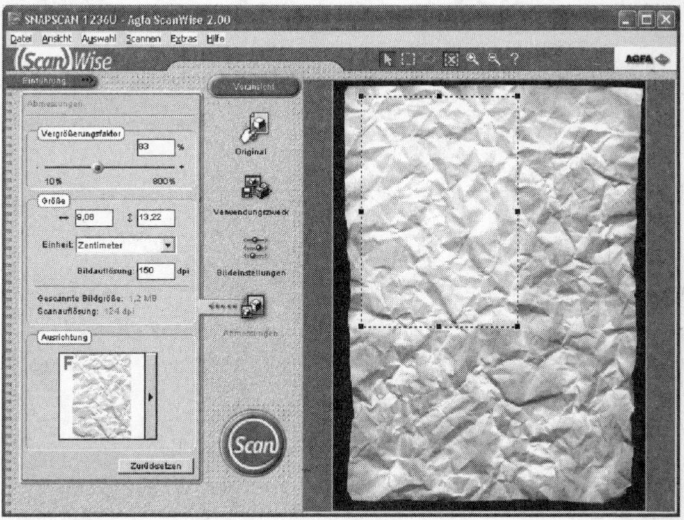

4. Öffnen Sie beide Bilder in Photoshop. Diese müssen jetzt ineinander kopiert werden. Am einfachsten funktioniert dies, wenn Sie das erste Werkzeug oben rechts in der Werkzeug-Palette – das Verschieben-Werkzeug – aktivieren, den Knüllscan damit anklicken, die Maustaste festhalten und dann über das zweite Bild – in diesem Fall das Schrottauto – ziehen. In dem Moment, in dem Sie die Maustaste loslassen, wird der Papierscan als neue Ebene kopiert. Wenn Sie bei dieser Aktion die [Umschalt]-Taste gedrückt halten, wird das Bild direkt in der Mitte des anderen Bildes eingefügt.

5. Öffnen Sie mit *Fenster/Ebenen einblenden* die *Ebenen*-Palette. Sie sehen, dass der Papierscan über der Foto-Ebene liegt. Oben links in der Palette finden Sie das Listenfeld *Füllmethode einstellen.* Man sieht dessen Namen allerdings nur, wenn man die Maus einen Moment über dem Feld ruhen lässt. Besser erkennbar ist es daran, dass hier standardmäßig die Füllmethode *Normal* ausgewählt ist.

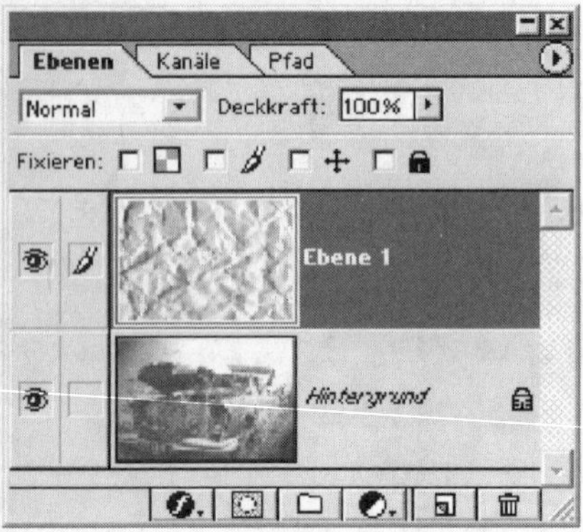

Hier ist noch die Füllmethode *Normal* ausgewählt, dadurch liegt das Papier deckend über dem Auto.

6. Mit Füllmethoden regelt man, auf welche Weise zwei Ebenen übereinander kopiert werden. Wählen Sie jetzt die Füllmethode *Multiplizieren* aus und beobachten Sie die Wirkung auf das Bild. Der Knittereffekt wird jetzt auf das Bild übertragen.

7. Sie können den Effekt noch verstärken, indem Sie auf der Knitter-Ebene mit *Bild/Einstellen/Helligkeit und Kontrast* die Werte verändern.

Quick Tipps Notizzettel als Blickfang

In Informationsbroschüren kann es sehr schön aussehen, wenn man aus einem karierten Block einen Notizzettel herausreißt und diesen einscannt.

Logo scannen und auf Stoff projizieren

Der folgende Effekt ähnelt dem im vorigen Beispiel, allerdings wird dieser noch realistischer, da auch die Verschiebung simuliert wird, die durch Falten entsteht. Möchte man ein Logo oder einen Schriftzug auf ein T-Shirt oder anderen Stoff bringen, entsteht immer das Problem, dass sich der Scan nicht der Faltenbildung im Stoff anpasst. Für dieses Problem gibt es eine ganz komfortable Lösung:

1. Scannen oder öffnen Sie ein Bild, auf das Sie Schrift projizieren möchten.

2. Duplizieren Sie die Hintergrundebene mit *Ebene/Ebene duplizieren.* Wenn Sie mit einem Farbbild arbeiten, muss diese neue Ebene entfärbt werden. Wählen Sie dazu *Bild/Einstellen/Farbton Sättigung* und schieben Sie den Sättigungsregler auf -100.

3. Falls Sie ein sehr dunkles Bild verwenden, muss die Helligkeit mit den Gradationskurven etwas erhöht werden.

4. Wählen Sie *Filter/Weichzeichnungsfilter/Gaußscher Weichzeichner* mit einem Radius von 5, damit die Schrift später keine hakeligen Kanten bekommt.

5. Wählen Sie für diese Schwarzweißebene *Datei/Speichern unter* und klicken Sie in der darauf folgenden Dialogbox das Kontrollkästchen *Kopie* an. Die Ebene muss als PSD-Datei gespeichert werden. Nennen Sie es z. B. *Falten.psd*.

6. Erstellen Sie eine Schriftebene über dem Bild und rendern Sie diese mit *Ebene/Rastern/Text* oder fügen Sie ein Logo oder eine Zeichnung ein.

7. Wählen Sie *Filter/Verzerrungsfilter/Versetzen: horizontale Skalierung 10%* und *vertikale Skalierung 10%.* Klicken Sie auf *OK* und wählen Sie das Bild *Falten.psd* aus. Das Schwarzweißbild dient nun als Verschiebungsmatrix, das heißt, je dunkler der Grauwert der Matrix ist, desto weiter werden die Pixel der aktuellen Ebene verschoben.

8. Überblenden Sie die Ebenen, indem Sie die Füllmethode „Ineinanderkopieren" in der *Ebenen*-Palette wählen. Sollte die Schrift zu hell oder zu dunkel sein, wählen Sie *Bild/Einstellen/Variationen* und ändern Farbton, Sättigung und Helligkeit, bis es überzeugend aussieht. Eventuell kann man auch andere Ebenenmodi ausprobieren und mit der Deckkraft spielen.

Quick Tipps Gelbe Zettel

Auch gelbe Zettel lassen sich prima einscannen und ins Layout integrieren. Arbeiten Sie hier ebenfalls mit einem Abstandshalter. Wenn der Klebezettel nicht eben liegt, wirkt der Scan realistischer.

Solche Klebezettel wirken auch auf Websites schön – z. B. für News oder Links.

10. Scanner-Pflege mit einem Wisch

Bezüglich Pflege ist ein Sanner ausgesprochen anspruchslos, allerdings reagiert er (optisch) empfindlich auf eingedrungenen Staub. Bei Nichtgebrauch sollte das Gerät deshalb immer mindestens mit einer Staubschutzhülle abgedeckt werden.

Top 10 – Scanner-Pflege: Tipps & Tricks

Quick Tipps Achten Sie auf das Einsatzgebiet des Reinigers

In diesem Kapitel werden verschiedene Reiniger vorgestellt. Das Problem ist, dass jeder Reiniger sein spezielles Einsatzgebiet hat. Ein Mittel, das Sie bei Dias ganz hervorragend einsetzen können, ist eventuell in der Lage, andere Vorlagen anzugreifen. Achten Sie also bei diesem Thema ganz besonders auf die Gebrauchsanweisung.

Außenreinigung des Scanners

Hier gilt das Gleiche wie für alle Geräte rund um den Computer: Gerät ausschalten und mit einem feuchten Lappen ein schwaches Reinigungsmittel anwenden. Achten Sie darauf, dass auf keinen Fall Schleifpartikel – wie etwa bei Scheuermilch – in dem Reiniger enthalten sind. Erfahrungsgemäß ist es übrigens sinnvoll, öfter ein wenig zu putzen, als seltener konzertierte Aktionen zu starten. Computer und Peripherie-Geräte ziehen durch Statik, Wärmeverhältnisse, Lüfter etc. Staub, Rauch und andere Verschmutzungen beinahe „magisch" an. Diese kleinen Partikel setzen sich richtig fest, wenn man sie lässt. Also lieber öfter mal kurz drüber wischen.

Quick Tipps Spezielle Pflegetücher für die Glasplatte

Im Fachhandel erhalten Sie Microfasertücher, die trocken ohne weitere Pflegemittel angewendet werden. Achten Sie auf jeden Fall darauf, dass die Tücher speziell für die Glasreinigung hergestellt wurden.

Quick Tipps: Zu viel des Guten ist gefährlich: Vorsicht bei Glasreinigern

Es klingt zunächst unglaublich, doch dieser Tipp ist wichtiger, als es den Anschein hat. Frei nach dem Motto „Viel hilft viel" neigt man mitunter dazu, vor einer größeren Scanaktion mal wieder so richtig sauber zu machen. Beherzt sprüht man den Glasreiniger direkt auf die Glasplatte und wienert für streifenfreien Glanz. Aber Vorsicht: Der Scanner ist nicht unbedingt absolut dicht. Sprüht man den Reiniger häufig direkt auf die Platte und vor allem in Richtung deren Ränder, kann es sein, dass immer mal wieder etwas Reiniger durch die winzigen Ritzen lugt und in das innere des Scanners gelangt. Die Autorin hat mit einer solchen Aktion ihren ersten HP Deskscan zerstört :-(Seitdem heißt es: Ein wenig Glasreiniger auf ein fusselfreies, weiches Papiertuch und vorsichtig putzen!

Rauch und Staub

Ich bin immer wieder überrascht, mit welcher Zielsicherheit sich Staub und Rauchpartikelchen ihren Weg an anderen Gegenständen und Oberflächen vorbei bis zum Scanner bahnen. Falls Ihr Scanner häufiger mit Rauch oder Staub in Berührung kommt, gilt das Gleiche wie für die Lagerung: Versehen Sie den Scanner mit einer Schutzhülle. Wenn einmal Staub in das Scanner-Innere gelangt ist, ist das Entfernen der Partikel aufwendig und teuer, da dies nur unter absolut staubfreien Laborbedingungen erfolgen kann. Solche Verschmutzungen werden dann durch feine Linien im Scan sichtbar.

Anbieter für Reinigungsmaterialien

Unter der Internetadresse *http://www.sds-gmbh.com* finden Sie einen internationalen Anbieter für Scanner-Zubehör, darunter auch professionelle Reinigungsmittel und -materialien.

Quick Tipps Antistatik-Cleaner

Dieser Cleaner ist besonders für Geräte geeignet, die zu statischer Aufladung neigen, wie z. B. Computer-Monitore und Fernseher. Durch die antistatische Wirkung wird Staub nicht so leicht angezogen. Es sind auch Tücher erhältlich, die eine antistatische Schutzschicht auftragen.

Quick Tipps Film-Cleaner für die Reinigung von Dias

Im Foto- und Reprofachhandel erhalten Sie so genannte Film-Cleaner mit denen Sie Ihre Dias reinigen und vor allem entfetten können. Dieser Reiniger entfernt z. B. besonders schonend Fingerabdrücke von Ihren Vorlagen.

Quick Tipps Blasepinsel reinigen nicht nur Vorlagen

Mit diesen praktischen kleinen Helfern reinigen Sie nicht nur Vorlagen, sondern auch Computer und Peripherie. Sie erhalten Blasepinsel in Fotofachgeschäften. Hiermit reinigen Sie Vorlagen, ohne Kontakt zur Vorlage aufnehmen zu müssen. Gerade Kontakt-Reiniger bewirken ja mitunter neue Verschmutzungen oder sogar Kratzer.

Quick Tipps Anti-Newton-Spray gegen Newton-Ringe

Werden Dias und andere Durchsichtvorlagen direkt auf den Scanner gelegt, entstehen mitunter die gefürchteten Newton-Ringe. Fragen Sie im Fachhandel oder bestellen Sie das Spray im Internet unter *http://shop.yahoo.com/colex*.

Quick Tipps Druckluft in Dosen

Einige Hersteller bieten Druckluft in Dosen an, mit denen Sie nicht nur Vorlagen, sondern auch z. B. Ihre Computer-Tastatur hervorragend reinigen können. Übrigens lassen sich damit auch Auto-Armaturen ganz hervorragend säubern ;-)

Quick Tipps Sets sind günstiger

Im Fachhandel erhalten Sie auch Reinigungsmittel im Set, womit Sie in der Regel günstiger einkaufen, als wenn Sie Einzelteile erwerben. Hierin sind Blasebalg-Pinsel, Antistatik-Cleaner und Reinigungstücher integriert. Sie erhalten solche Sets z. B. von der Firma hama (*www.hama.de*). Dort finden Sie jede Menge Zubehör für Scanner und Kameras.

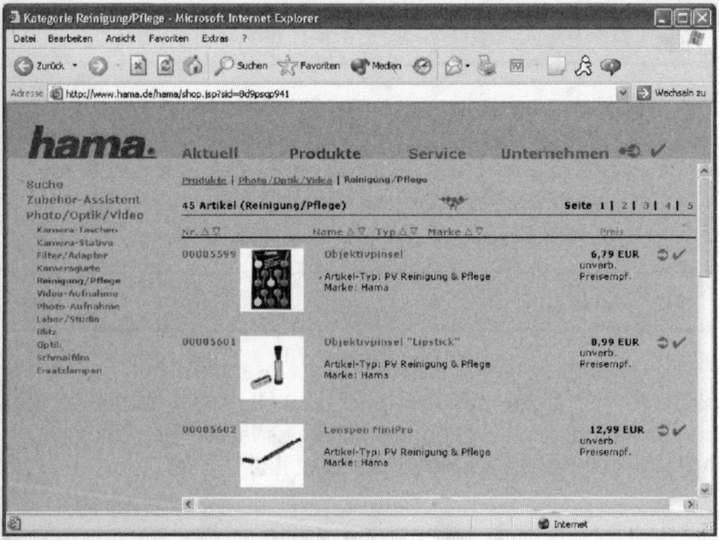

Ein Link für News der Fotobranche

Unter der Adresse *http://www.foto-contact.de* finden Sie die neusten Infos aus der Szene rund um Fotografie und Scanner.

11. Scans speichern, archivieren und drucken

Besonders dann, wenn man viel scannt, ist eine übersichtliche Verwaltung wichtig. In diesem Kapitel finden Sie Tipps zu Bildkatalogen, Kontaktabzügen und zum Publizieren Ihrer Bilder.

Top 10 – Scans speichern: Tipps & Tricks

Wie behält man bei großen Mengen an Scans die Übersicht und wie können Sie sich die Arbeit erleichtern? In diesem Kapitel finden Sie Tipps rund um Archivierung und Ausgabe Ihrer Bilder.

Ein Bild – mehrere Kopien: das Bildpaket

Lässt man Passbilder von sich machen, erhält man manchmal mehrere Bilder auf einem Abzug, die man sich dann ausschneidet. Photoshop beinhaltet eine automatische Funktion, mit der Sie mehrere Bilder in verschiedenen Größen auf einer Seite positionieren. Diese Funktion ist besonders praktisch, wenn Sie ein Bild in verschiedenen Größen auf Ihrem Drucker ausgeben möchten. Photoshop bietet verschiedene Größen- und Positionierungsoptionen und stellt die Bilder automatisch auf eine Seite. Sie müssen die Bilder nur noch ausdrucken und ausschneiden.

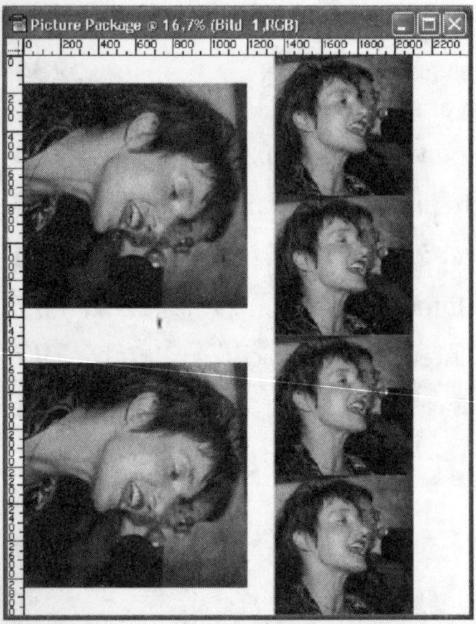

1. Öffnen Sie das gewünschte Bild und wählen Sie *Datei/Automatisieren/Bildpaket.*

2. Klicken Sie auf die Schaltfläche *Vorderes Dokument verwenden*, um das aktuelle Bild als Quelle zu verwenden. Sie können an dieser Stelle allerdings auch auf *Wählen* klicken und ein anderes Bild auswählen.

3. Wählen Sie unter *Layout* eine vordefinierte Layout-Option. Die Maße des Layouts werden in Zoll gemessen, und im Dialogfeld sehen Sie eine Vorschau des gewählten Layouts.

4. Wählen Sie aus dem Listenfeld *Layout* die gewünschte Bildaufteilung aus und geben Sie die Auflösung ein, mit der Sie das Bild auf Ihrem Drucker ausgeben möchten – also bei Tintenstrahldruckern ca. 200 bis 300 Pixel/Inch. Wenn Ihr Tintenstrahldrucker in der Lage ist, RGB-Bilder umzusetzen, wählen Sie aus dem Listenfeld *Modus* den Eintrag *RGB-Farbe.* Es stehen Ihnen aber auch Graustufen- und CMYK-Modus zur Verfügung.

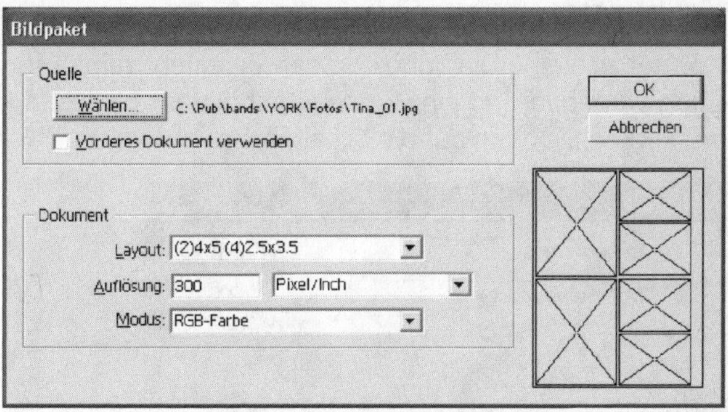

Mit schnellen Tasten direkt zum Ziel: die Photoshop-Aktionen

Die so genannten Photoshop-Aktionen sind eine große Hilfe, wenn Sie bestimmte Befehle – und besonders die Kombination von Befehlen – immer wieder verwenden. Sie entsprechen den Batch-Dateien, Makros oder Stapeldateien anderer Programme. Eine Aktion besteht aus einem oder mehreren Befehlen, die Sie entweder auf einzelne Dateien oder per Stapelverarbeitung auf eine beliebige Anzahl an Dateien anwenden können. Zur besseren Verwaltung können Sie aus mehreren Aktionen Sets zusammenstellen.

1. Rufen Sie mit *Fenster/Aktionen einblenden* die Aktionen-Palette auf.

2. Oben rechts an der Palette finden Sie das Paletten-Menü, gekennzeichnet durch ein kleines schwarzes Dreieck. Öffnen Sie das Menü mit einem Mausklick und wählen Sie den Befehl *Neue Aktion*.

3. Es öffnet sich eine Dialogbox, in der Sie einen Namen für die Aktion vergeben und eine Tastenkombination festlegen können. Klicken Sie dann auf die Schaltfläche *Aktion*.

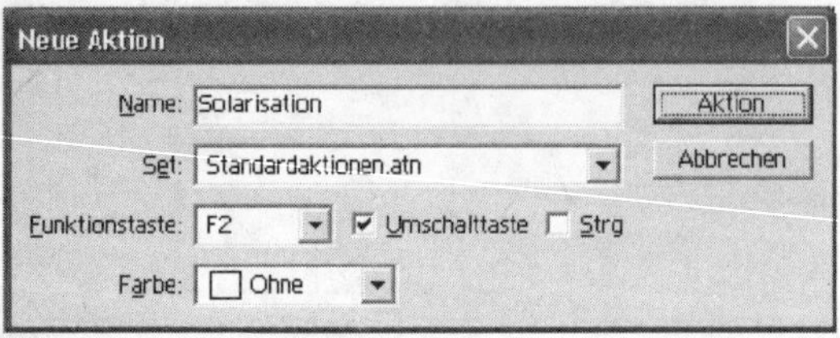

Als Tastenkombinationen stehen die Funktionstasten und zusätzlich [Umschalt] und [Strg] zur Verfügung.

4. Alles, was Sie jetzt mit Photoshop machen, wird in der Aktion aufgezeichnet. Probieren Sie z. B. die Befehle *Filter/Stilisierungsfilter/Solarisation* und anschließend *Bild/Einstellen/Auto-Tonwertkorrektur.* Dies ist ein sehr netter Effekt für trübe Bilder. Er taucht diese in eine mystische Atmosphäre.

5. Wenn Sie alle Befehle durchgeführt haben, wählen Sie aus dem Paletten-Menü den Eintrag *Aufzeichnung beenden.*

6. Öffnen Sie ein beliebiges Bild und lösen Sie mit der zuvor verwendeten Tastenkombination die Aktion aus.

Quick Tipps: Lassen Sie Ihren Computer arbeiten: die Stapelverarbeitung

Stellen Sie sich vor, Sie müssen für einen Katalog Hunderte von Bildern öffnen, bearbeiten und in einem anderen Format speichern. Mit einer solchen Aufgabe ist man schnell einige Stunden beschäftigt. Mit der Photoshop-Stapelverarbeitung können Sie Ihren Rechner einfach für sich arbeiten lassen – wenn Sie möchten, auch über Nacht.

1. Wählen Sie *Datei/Automatisieren/Stapelverarbeitung.* Im Bereich *Ausführen* geben Sie das Set und die zuvor gespeicherte Aktion an.

2. Wählen Sie bei *Quelle* den Eintrag *Ordner* und klicken Sie auf *Wählen.* Wechseln Sie zum Verzeichnis, in dem Ihre Bilder liegen, und aktivieren Sie das Kontrollkästchen *"Öffnen" in Aktionen überschreiben.*

3. Wechseln Sie zum Bereich *Ziel* und wählen Sie auch hier *Ordner* aus. Klicken Sie auf *Wählen* und wechseln Sie zu dem Ordner, in dem die bearbeiteten Bilder gelegt werden sollen. Aktivieren Sie hier das Kontrollkästchen *"Speichern unter" in Aktionen überschreiben.*

4. Klicken Sie auf *OK* – die Stapelverarbeitung wird gestartet.

Damit die Stapelverarbeitung nicht stoppt

Wenn Sie eine große Menge Bilder verarbeiten möchten und den Rechner dabei allein lassen, ist es ärgerlich, wenn die Stapelverarbeitung zwischendurch abbricht, weil ein Fehler aufgetreten ist. In den Vorgängerversionen von Photoshop konnte dies beispielsweise passieren, wenn in einem Ordner mit Bildern, die in JPGs umgewandelt werden sollten, PSD-Dateien mit mehreren Ebenen enthalten waren. Da JPG keine Ebenen unterstützt, unterbrach Photoshop die Stapelverarbeitung. Dieser Fehler kann in der Version 6.0 nicht mehr auftreten, da Photoshop jetzt lediglich warnt, dass Informationen verloren gehen, aber dennoch speichert. Trotzdem kann es passieren, dass ein Befehl aus anderen Gründen nicht verfügbar ist – etwa weil die Datei im falschen Modus vorliegt. Wenn in der Dialogbox *Stapelverarbeitung* im Listenfeld *Fehler* der Eintrag *Bei Fehlern anhalten* aktiviert ist, bricht Photoshop die gesamte Stapelverarbeitung ab, sobald ein Problem auftritt. Besser ist es, wenn Sie den Eintrag *Fehler in Protokolldatei* wählen und mit der darunter liegenden Schaltfläche *Speichern unter* einen Speicherort bestimmen. Die Datei wird als TXT-Datei gesichert. So können Sie später in dieser Datei ersehen, ob Fehler aufgetreten sind.

Reibungsloser Ablauf bei der Formatänderung

Wenn Sie z. B. mehrere TIF-Bilder öffnen und als JPG speichern möchten, müssen Sie das Szenario an einem Beispielbild durchführen und dabei eine Aktion aufzeichnen. Hierbei entsteht ein Problem: Beim Öffnen und Speichern wird der Dateiname mit erfasst. Wenn Sie jetzt die Stapelverarbeitung für einen Ordner ausführen möchten, würde immer das gleiche Bild geöffnet und gespeichert. Aus diesem Grund gibt es die Optionen *"Öffnen" in Aktionen überschreiben* und *"Speichern unter" in Aktionen überschreiben*. Lassen Sie daher diese beiden Optionen immer aktiviert, da sie auch bei Aktionen ohne Speichervorgang nicht stören.

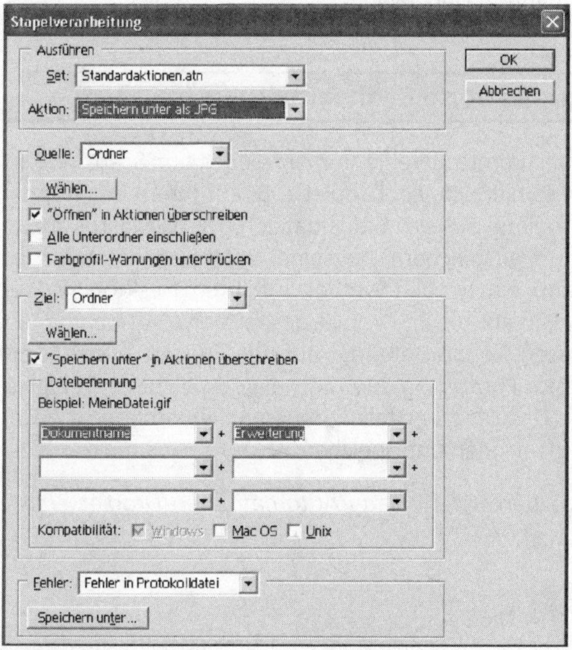

Mit der Stapelverarbeitung können Sie auch ganz prima Dokumentnamen und Erweiterungen ganzer Bilderordner umbenennen.

Quick Tipps Scanner und Digitalkameras mit der Stapelverarbeitung ansteuern

Besitzen Sie einen Scanner, der über einen Dokumenteneinzug verfügt, ist Photoshop in der Lage, über die Stapelverarbeitung mehrere Bilder in einer Aktion zu scannen und zu verarbeiten. Allerdings brauchen Sie dafür eventuell ein spezielles Importmodul, das Aktionen unterstützt. Dieses Modul erhalten Sie im Zweifelsfall von Ihrem Hersteller.

Droplets für die flotte Bildbearbeitung

Wenden Sie bestimmte Befehle immer wieder auf Scans an? In diesem Fall ist es hilfreich, ein Droplet z. B. auf Ihrem Desktop zu speichern. Droplets ähneln Stapeldateien, also Makros bzw. Batch-Dateien. Sie speichern beliebige Befehle hintereinander und legen dann ein Droplet-Symbol auf Ihren Desktop. Wann immer Sie ein Bild auf die im Droplet gespeicherte Art bearbeiten möchten, müssen Sie die Datei nur auf den Droplet ziehen. Daraufhin öffnet sich Photoshop und führt die gespeicherten Befehle aus. Um einen Droplet zu erstellen, müssen Sie vorher eine beliebige Aktion aufzeichnen und speichern.

1. Wählen Sie den Befehl *Datei/Automatisieren/Droplet erstellen*.

2. Im Bereich *Droplet speichern unter* wählen Sie einen Ordner, in dem die Anwendung gespeichert werden soll. In diesem Fall wählen Sie *Desktop*, sodass das Droplet auf dem Desktop abgelegt wird.

3. Wählen Sie im Bereich *Ausführen* ein Set und eine Aktion aus. Aktivieren Sie wieder das Kontrollkästchen *"Öffnen" in Aktionen überschreiben,* damit das Programm nicht nur die in der Aktion gespeicherte Datei öffnet. Wählen Sie im Bereich *Ziel* den Eintrag *Ordner* und geben Sie ein Zielverzeichnis an. Auch hier wird das Kontrollkästchen *"Speichern unter" in Aktionen überschreiben* aktiviert, damit die Datei zwar z. B. als JPG gespeichert, aber der Dateiname nicht verändert wird.

4. Im Bereich *Dateibenennung* haben Sie die Möglichkeit, verschiedene Dateikennungen auszuwählen. Wenn Sie nichts verändern, wird die Datei unter dem ursprünglichen Namen gespeichert. Sie können aber auch das aktuelle Datum als Dateinamen wählen. Auch in dieser Dialogbox entscheiden Sie, ob Photoshop bei Fehlern die Bearbeitung stoppen soll oder ob die Fehler in einer Datei protokolliert werden sollen. Bestätigen Sie nach der Eingabe die Dialogbox mit *OK*.

5. Minimieren Sie jetzt alle geöffneten Programme und Fenster mit der Tastenkombination [Win]+[M] oder mit einem Klick auf das Minimieren-Symbol, um zum Desktop zu gelangen. Hier finden Sie jetzt das Droplet-Symbol. Ziehen Sie eine beliebige TIF-Datei auf das Droplet. Photoshop wird gestartet und bearbeitet die Datei.

Machen Sie Ihre eigenen Kontaktabzüge

Photoshop hält für Sie eine Miniaturausführung eines Bildkatalogs bereit: die Funktion *Kontaktabzüge*. Mit den automatischen Kontaktabzügen drucken Sie ebenfalls so genannte Thumbnails, kleine Vorschaubilder Ihrer Fotos, auf einer Seite. Die Thumbnails sind mit den Dateinamen versehen, sodass Sie das gewünschte Foto schnell finden.

1. Wählen Sie in Photoshop den Befehl *Datei/Automatisieren/Kontaktabzug*.
2. Klicken Sie im Bereich oben links auf die Schaltfläche *Wählen*.
3. Navigieren Sie zum gewünschten Ordner.

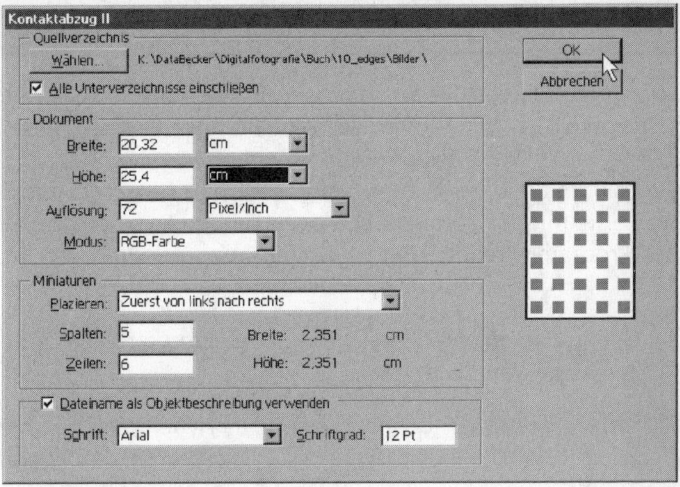

4. Definieren Sie Maße und Auflösung für die Kontaktabzüge.
5. Wählen Sie den gewünschten Farbmodus.
6. Im Bereich *Miniaturen* bestimmen Sie, wie viele Spalten und Zeilen auf dem Bogen verteilt werden. Im Bereich unten in der Dialogbox entscheiden Sie, ob die Miniaturen auch mit dem Dateinamen versehen werden.

Alle Unterverzeichnisse einschließen

Um Kontaktabzüge von Ihren Bildern zu erstellen, müssen nicht alle Bilder in einem Ordner liegen. Sie können auch verschiedene Ordner in einem übergeordneten anlegen und beim Erstellen der Kontaktabzüge das Kontrollkästchen *Alle Unterverzeichnisse einschließen* aktivieren.

Schnell finden mit Bildkatalogen

Im Internet finden Sie verschiedene Bildkataloge zum kostenlosen Download. Mit ThumbsPlus verwalten Sie beispielsweise auf komfortable Weise Bilder, ClipArts, Schriften und Animationen. Sie können die Version zum Testen kostenlos herunterladen. Erst wenn Sie mit der Software zufrieden sind und sich entschließen, das Programm regelmäßig zu nutzen, wird der Preis von 51,10 Euro fällig.

1. Geben Sie in die Adresszeile Ihres Browsers die Adresse „www.kellymedia.de" ein.

2. Unter *Highlights* befindet sich der Hyperlink *ThumbsPlus 2002*. Klicken Sie den Hyperlink an. Sollten Sie den Hyperlink *ThumbsPlus 2002* nicht unter den Highlights finden, klicken Sie im Bereich *Service* auf *Downloads* und suchen Sie dann nach ThumbsPlus.

3. Scrollen Sie bis zum unteren Rand der Seite. Hier finden Sie die Download-Hyperlinks.

4. Laden Sie das Programm auf Ihre Festplatte und installieren Sie es.

5. Wenn Sie eine Internetbildergalerie erstellen möchten, wählen Sie *Bild/Web-Assistent.*

6. Der Web-Assistent führt Sie ganz automatisch zum fertigen Webbildkatalog.

7. Betrachten Sie das Ergebnis. ThumbsPlus fügt auch Buttons ein, mit denen Sie vor, zurück und zur Homepage navigieren können.

Gelbe Zettel für Ihre Bilder – die Anmerkungen

Wenn Sie Ihre digitalen Bilder einer anderen Person zusenden oder Kollegen an den Daten weiterarbeiten, können Sie sowohl Textanmerkungen als auch Audio-Anmerkungen im Bild speichern.

Notizen und Audio-Anmerkungen werden als kleine, nicht druckbare Symbole auf dem Bild angezeigt. Sie sind mit einer Bildposition verbunden, nicht mit einer Ebene.

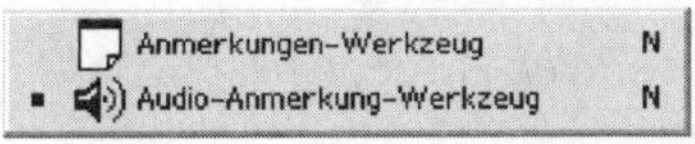

1. Aktivieren Sie eines der beiden Anmerkungswerkzeuge. Sie verstecken sich über dem Hand-Werkzeug in der Photoshop-Werkzeug-Palette.

2. Klicken Sie jetzt einfach ins Bild, Sie erhalten daraufhin ein Notizfenster, in das Sie Ihren Text einfügen können.

3. Nach dem Schließen der Notiz ist sie jederzeit durch einen Doppelklick wieder zu öffnen.

4. Für Audio-Anmerkungen benötigen Sie ein Mikrofon. Wenn das Mikro angeschlossen ist, klicken Sie auf *Starten* und beginnen Ihre Aufzeichnung.

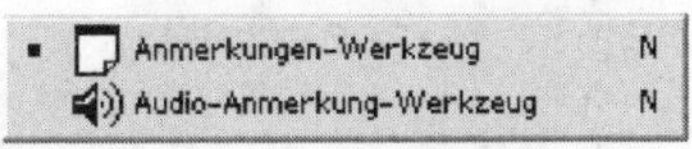

Sie können Anmerkungen ein- und ausblenden, Notizen zum Lesen oder Bearbeiten des Inhalts öffnen und Audio-Anmerkungen abspielen.

Ihre persönliche Webfotogalerie

Eine klasse Möglichkeit, Bilder Freunden und Bekannten oder auch Kunden zu präsentieren, ist eine Webfotogalerie. Photoshop bietet auch hierfür eine Automatik-Funktion an. Aus beliebig vielen Bildern werden Übersichten erstellt und als HMTL-Datei mit den dazugehörigen Bildern gespeichert. Diese Website erhält automatisch eine Navigation, Miniaturbilder und Galerieseiten, auf denen die Bilder in voller Größe geladen werden. Sie müssen die Dateien dann nur noch ins Internet laden.

1. Wählen Sie *Datei/Automatisieren/Web-Fotogalerie.*

2. Klicken Sie im Bereich *Dateien* auf den Eintrag *Quelle.* Wählen Sie dann den Ordner mit den Bildern aus, die in der Galerie angezeigt werden sollen, und bestätigen Sie mit *OK*.

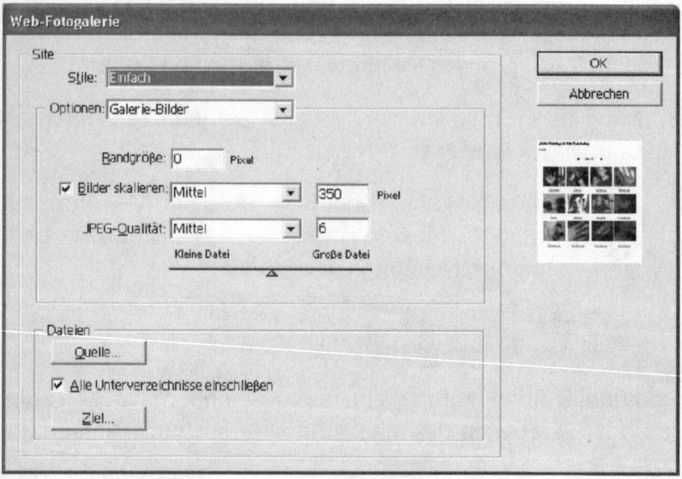

In der Dialogbox *Web-Fotogalerie* bestimmen Sie auch, wie stark die JPEG-Bilder komprimiert werden.

3. Wählen Sie als Nächstes das Ziel aus und bestimmen Sie den Zielordner.

4. Verwenden Sie eine Designvorlage aus dem Listenfeld *Stile*. Im Dialogfeld wird eine Vorschau der Homepage für den gewählten Stil angezeigt.

5. Legen Sie alle weiteren Optionen für die Site fest. Wenn Sie jetzt mit *OK* bestätigen, erstellt Photoshop automatisch die nötigen HTML-Dateien und verlinkt sie. Die zugehörigen Bilder werden automatisch als JPG exportiert.

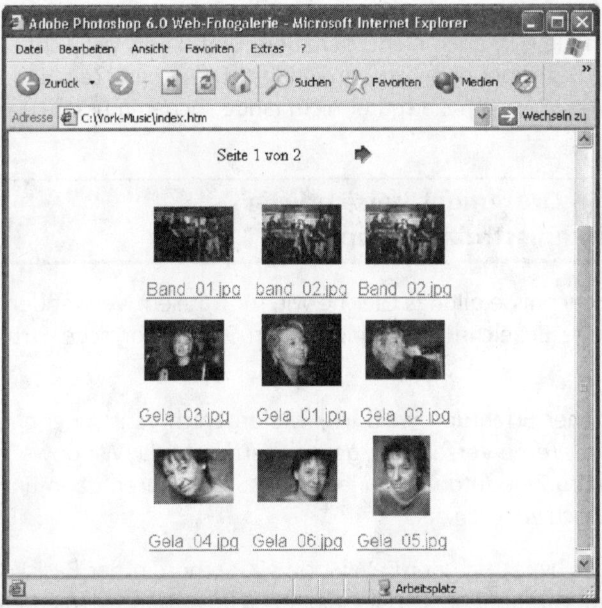

So könnte eine Bildübersicht aussehen – sehr praktisch, um z. B. Freunden die Übersicht Ihrer Bilder für Nachbestellungen zur Verfügung zu stellen.

Licht im Datendschungel

Wenn Sie eine größere Anzahl an Bildern scannen, ist es wichtig, von vornherein eindeutige und wiedererkennbare Dateinamen zu verwenden. Im Eifer des Gefechts neigt man dazu, die Bilder z. B. einfach durchzunummerieren.

Einige Wochen später kann man diese Bilder nicht mehr anhand der Bezeichnungen identifizieren und muss sie stattdessen mit einem Bildbetrachter öffnen. Dies kann sich in eine größere Suchaktion ausweiten.

Scheuen Sie sich auch nicht, genauere und damit vielleicht auch längere Bezeichnungen zu verwenden. Dies spart Zeit und vor allem Nerven, wenn Sie später nicht lange suchen müssen.

Alles in Ordnung: Übersichtliche Verzeichnisstrukturen anlegen

Für Verzeichnisse gilt das Gleiche wie für Dateien: Verwenden Sie eindeutige Bezeichnungen und achten Sie auf logische Strukturen.

Aus eigener Erfahrung weiß ich, wie ärgerlich es ist, wenn man Scans im *Temp*-Verzeichnis gespeichert hat, da Windows dies von Zeit zu Zeit automatisch leert. Die Scans waren dann unwiederbringlich verloren.

Für Bilder bietet sich der in Windows XP schon in der Basiskonfiguration vorhandene Ordner *Eigene Bilder*, den sie direkt aus dem Menü *Start* öffnen können, an.

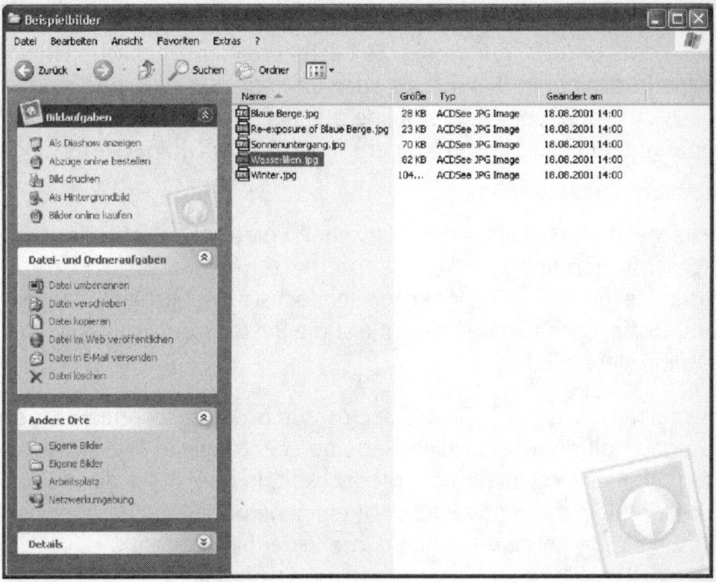

Wenn Sie mit Windows XP arbeiten, erreichen Sie dieses Verzeichnis direkt mit *Start/Eigene Bilder.* Sie finden hier links in der Leiste praktische Optionen die sich je nach Dateityp anbieten. Dazu gehört z. B. die Option, Bilder als Hintergrundbilder zu speichern oder online Abzüge zu bestellen.

Quick Tipps Fotoabzüge übers Internet

Um gescannte Bilder in sehr guter Qualität auf Fotopapier drucken zu lassen, stehen im Internet verschiedene Dienste zur Verfügung. Diese bieten sich insbesondere an, wenn eine farbintensive und extrem haltbare Form gefordert ist. Darüber hinaus besteht bei vielen Anbietern die Möglichkeit, die Bilder in einer Onlinegalerie gratis auszustellen.

Die verschiedenen Anbieter nehmen sich hier, was die Qualität der Prints betrifft, nur wenig. Es bestehen aber erhebliche Unterschiede sowohl im Service als auch im Preis. Bestellungen sind je nach Anbieter per E-Mail, online auf der Website des Anbieters oder mithilfe eines kostenlos herunterladbaren Offlineclients möglich.

Welche dieser Lösungen im Einzelfall vorzuziehen ist, hängt im Wesentlichen von der Art des Internetzugangs ab. Für Flatrate-User stellen Onlinelösungen die einfachste Möglichkeit dar, bei zeitabhängigen Gebühren ist meist die Bestellung per E-Mail oder Offlineclient günstiger.

Bestellungen per E-Mail sind leider durch die Beschränkung des Upload-Volumens bei vielen Betreibern unmöglich. Die kostenlosen Offlineclients bieten die Möglichkeit, in aller Ruhe die zu druckenden Bilder auszuwählen. Mit einigen können Sie darüber hinaus in einem geringen Rahmen Ihre Bilder bearbeiten.

Die Preise für Prints liegen z. B. im Format 10 x 15 cm meist zwischen 0,25 und 0,35 Euro, wozu meist noch eine Lieferpauschale von 2 bis 2,50 Euro erhoben wird.

Einige Drogerie- und Fotofachmarktketten bieten die Möglichkeit, die Prints persönlich „um die Ecke" abzuholen. Hilfreich für Preisvergleiche ist die Datenbank von *www.billige-fotos.de*, die für konkrete Aufträge die günstigsten Angebote anzeigt.

Absolut problemlos ist die Bestellung von Prints Ihrer Bilder unter Windows XP. Ein Assistent leitet Sie durch den gesamten Vorgang, doch stehen hier z. Z. leider nur zwei Anbieter zur Verfügung.

Foto-CD mit WinOnCD

Mit der neuen Version von WinOnCD können Sie ebenfalls Foto-CDs erstellen. Diese werden dann als Diashow auf dem PC oder von jedem herkömmlichen DVD-Player abgespielt, dieser muss keine besondere Funktion haben.

Die CD wird automatisch mit einem Menü versehen, das man leicht bedienen kann! Die CD kann in mehrere Alben aufgeteilt werden. Es passen ca. 150 bis 200 Bilder auf eine CD.

Echte Papierfotos Ihrer Scans

Das Produzieren eigener Bildausdrucke ist leider immer noch relativ kostspielig. Digitalkameras und Drucker werden zwar günstiger, der höchste Kostenfaktor entsteht aber langfristig bei der Ausgabe. Gutes Fotopapier und Tinte sind relativ teuer. Kodak bietet ein komfortables System, mit dem Sie hochwertige Abzüge Ihrer Digitalfotos erstellen lassen können: Die Bilder sind so haltbar und farbtreu, wie klassisch aufgenommene Fotos.

So gehen Sie dabei vor:

1. Bannen Sie Ihre Bilder auf einen der Datenträger PC-Card (PCMCIA Card), Picture Card (compactFlash Card), SSFD Card, Standarddiskette 1,44 MByte, Superdisc 120 MByte, Zip-Disk 100 MByte oder CD-ROM 650 MByte. Die Order-Station ist in der Lage, eine Vielzahl von Bildformaten zu verarbeiten. Dazu gehören BMP, TIFF, JPG, GIF, FPX, PCD, WMF, PCX, EPS und TGA.

2. Gehen Sie zu Ihrem Kodak-Fotohändler und legen Sie das Speichermedium in die Order-Station ein. Sie werden dann am Bildschirm automatisch durch die verschiedenen Schritte geführt. Kodak garantiert, dass das Bedienen der Station genauso einfach wie das Bestellen herkömmlicher Fotos ist.

3. An der Order-Station entscheiden Sie, ob Sie die Bilder bei Ihrem Händler abholen oder gegen eine geringe Gebühr gebracht bekommen möchten.

Händler-Suche

Falls Sie in Ihrer Nähe keinen Händler kennen, der über eine Order-Station verfügt, können Sie unter der Kodak-Website *www. kodak.de* nach einem Händler suchen.

Noch sind die Händler nicht so weit verbreitet, aber immer mehr Fotofachgeschäfte werden mit der Station ausgerüstet.

Digitalfotos schnell bestellt

Mit Fujicolor können Sie Ihre Digitalfotos einfach online zusenden und erhalten die Abzüge dann per Post. Die Preise sind insgesamt nahe den herkömmlichen Abzügen.

So bestellen Sie Ihre Bilder übers Internet:

1. Geben Sie in die Adresszeile Ihres Browsers die Adresse „www.fujicolor-order.net" ein. Wenn Sie auf der Seite angekommen sind, klicken Sie auf die Schaltfläche *Start.*

2. Sie müssen sich zunächst als Neukunde registrieren lassen. Klicken Sie auf die Schaltfläche *Neukunde*. Auf der nächsten Seite geben Sie Ihre Daten, Name und E-Mail-Adresse ein und klicken dann auf *Eine Kundennummer bitte*.

3. Lesen Sie die allgemeinen Geschäftsbedingungen und scrollen Sie zum Fuß der Seite. Klicken Sie hier auf *Ja, ich stimme zu*. Nach wenigen Minuten erhalten Sie per E-Mail Ihre Kundennummer und Ihr Kennwort. Diese geben Sie dann in die entsprechenden Felder ein. Klicken Sie auf *Anmelden*.

4. Sie werden durch die weiteren Schritte geleitet. Sie geben erst die Anzahl der verschiedenen Motive an, die Sie in diesem Auftrag bestellen möchten, und klicken dann auf die Schaltfläche *Durchsuchen*. Wählen Sie das gewünschte Bild oder die gewünschten Bilder aus. Wählen Sie das Format und die Anzahl der Abzüge aus. Wenn Sie alles ausgefüllt haben, klicken Sie auf *Upload*. Fujicolor informiert Sie über alle weiteren Schritte.

Quick Tipps Druckerkauf und Tinten-Preisvergleich

Tintenstrahldrucker sind mittlerweile erstaunlich günstig geworden. Schnell neigt man dazu, beim Samstagseinkauf noch schnell einen Drucker mit in den Einkaufswagen zu befördern. Achten Sie hierbei aber unbedingt auf die Preise der jeweiligen Tintenpatronen, denn hieran verdienen Druckerhersteller das eigentliche Geld. Schnell ist für ein Set Tintenpatronen der Preis eines Druckers erreicht.

Ein weiterer wichtiger Hinweis: Die meisten Hersteller liefern ihre Drucker mit nicht ganz gefüllten Patronen aus. Lassen Sie sich diesbezüglich beraten.

Auf einzeln austauschbare Kartuschen achten

Ein wirklicher Vorteil sind Drucker, bei denen jede Farbe des CMYK-Systems in einer einzeln austauschbaren Kartusche geliefert wird. Es passiert gern, dass der Magenta-Tank längst leer ist, während Cyan noch vor Farbe strotzt. Es kostet in diesem Fall Überwindung, die halbvolle Kartusche in den Restmüll zu befördern. Lassen Sie sich auch hierzu beraten.

Quick Tipps Heiße Bilder ohne Raster

Wenn Sie Wert auf eine absolut rasterfreie Ausgabe legen, können Sie zu Thermosublimationsdruckern greifen. Gute Copy-Shops sind mit diesen Druckern ausgerüstet. Für den Eigenbedarf sind sie in der Regel zu teuer. Diese Geräte sind in der Lage, echte Tönungen ohne Rasterung zu erzeugen. Dafür sind spezielle Farbfolien auf Wachsbasis oder Papiere mit eingebetteten Farbmikrokapseln nötig.

Winzige Heizelemente schmelzen farbige Partikel von einem Trägermaterial ab und übertragen sie auf das Ausgabemedium. Da keine einzelnen Druckerpunkte mehr erkennbar sind, spricht man auch vom „Continuous Flow"-Verfahren.

Ein weiterer Vorteil: Ein Druckpunkt entspricht tatsächlich einem Bildpunkt. Arbeitet ein Thermosublimationsdrucker mit einer Geräteauflösung von 300 dpi, werden reale 300 × 300 Bildpunkte ausgegeben.

Überschreibmodus

Falls Sie den Namen eines Ordners oder eines Bildes überschreiben möchten, markieren Sie ihn und drücken [F2] auf Ihrer Tastatur. Dadurch gelangen Sie wieder in den Überschreibmodus.

Scans zuerst sichern

Wenn Sie „frische" Scans bearbeiten, die Sie gerade gescannt haben, vergessen Sie nicht, diese zunächst zu speichern. Manchmal bearbeitet man ein Bild und stellt dann fest, dass man zur ersten Fassung zurückkehren möchte. Der Befehl *Datei/Zurück zur letzten Version* ist aber nur aktiv, wenn das Bild einmal gespeichert wurde.

Ausrichtung mit günstigem Papier testen

Manchmal ist die Option *Querformat* in der Druckdialogbox äußerst verwirrend und funktioniert genau umgekehrt, als man gerade denkt. Testen Sie den Ausdruck in einem solchen Fall auf günstigem Schreibmaschinenpapier.

Auf Papierqualität achten

Die Papierqualität entscheidet zu einem hohen Anteil über die Qualität und die Haltbarkeit von Ausdrucken. Informieren Sie sich über das ideale Papier für Ihren speziellen Drucker in Verbindung mit der empfohlenen Tinte. So sind Sie sicher, das Optimale aus Ihren Scans herauszuholen.

Stichwortverzeichnis

C

D

E

L

M

N

O

P

Q

R

S

V

W